Arena-Taschenbuch
Band 1438

Irene Hunt schildert die Verhältnisse hart und realistisch. Besonders beeindruckend aber ist, wie sie die Beziehungen zwischen den verschiedenen Menschen sichtbar macht. So zieht sich durch das ganze Buch die allmähliche Wandlung des Jungen Josh, der lernt, Verständnis und Toleranz zu üben, schließlich auch gegenüber seinem Vater.

Man bekommt selten ein Buch in die Hand, von dem man so gepackt und ergriffen wird!

Bundesverband der Lehrer an beruflichen Schulen

Irene Hunt

Tramp nach
New Orleans

Aus dem Amerikanischen übertragen
von Hans-Georg Noack

Ausgezeichnet mit dem
»Buxtehuder Bullen«

Auf der Auswahlliste
zum Deutschen Jugendbuchpreis

Ausgezeichnet mit der
Charles-W.-Follett-Medaille

Arena

CIP-Kurztitelaufnahme der Deutschen Bibliothek

Hunt, Irene:
Tramp nach New Orleans / Irene Hunt. Aus d.
Amerikan. übertr. von Hans-Georg Noack. –
1. Aufl. – Würzburg: Arena-Verlag, 1983
(Arena-Taschenbuch; Bd. 1438)
Einheitssacht.: No promises in the wind ‹dt.›
ISBN 3-401-01438-2
NE: GT

1. Auflage als Arena-Taschenbuch 1983
Lizenzausgabe des Signal-Verlags, Hans Frevert, Baden-Baden
© by Irene Hunt
Deutsche Ausgabe © 1973 by Signal-Verlag, Hans Frevert, Baden-Baden
Originalverlag: Follett Publishing Company, Chicago
Originaltitel: »No Promises in the Wind«
Aus dem Amerikanischen übertragen von Hans-Georg Noack
Alle Rechte vorbehalten
Umschlaggestaltung: Dieter Leithold
Lektorat: Rita Harenski
Gesamtherstellung: Richterdruck Würzburg
ISSN 0518-4002
ISBN 3-401-01438-2

I

Joey rührte sich in seinem Teil des Bettes, als der Wecker um ein Viertel vor vier rasselte. »Soll ich mitkommen, Josh?« fragte er schläfrig.

Ich griff zum Nachttisch, stellte den Wecker ab, schaltete die kleine Lampe ein und legte mich auf mein Kopfkissen zurück. Im Laufe der Nacht hatte sich die Oktoberkühle verschärft. Ich fror, und ich hatte zu wenig geschlafen. Das ließ mich gereizt und launisch werden. Ich war Joey nicht einmal besonders dankbar dafür, daß er sich erboten hatte, mit mir zu kommen. Erstens war er keine große Hilfe, und außerdem war es eine viel zu schwere Arbeit für ihn, drei Stunden lang in den dunklen Straßen der Stadt Zeitungen auszutragen, wenn er das auch niemals zugegeben hätte. Schon von Geburt an war Joey zart, aber er war auch sehr zäh. Im Nu wäre er auf den Beinen gewesen, wenn ich ihm gesagt hätte, daß ich seine Hilfe brauchte.

Wie die Dinge nun einmal lagen, beantwortete ich sein Angebot überhaupt nicht, und er seufzte tief, als er sein Gesicht vom Licht abwandte. Ich wußte nicht, ob dieses Seufzen Erleichterung darüber verriet, daß er weiterschlafen konnte, oder ob er wegen meiner Unfreundlichkeit verletzt war. Beschämt stand ich auf, suchte eine zusätzliche Decke, breitete sie über ihn und legte sie ihm dicht um die Schultern. Ich spürte förmlich sein Behagen, als er sich zu einer engen kleinen Spirale zusammenrollte und die gesteigerte Wärme genoß.

Nachdem ich mich angezogen hatte, setzte ich mich in den großen Sessel neben dem Fenster und verrenkte mir fast den Leib, um die gesprungene Feder in der Lehne zu vermeiden. »Nur fünf Minuten«, sagte ich mir, »nur fünf Minuten, um noch ein bißchen auszuruhen und mich an das Wachsein zu gewöhnen.«

Ich starrte die verblaßte Tapete an, ohne sie zu sehen, bis mir endlich die vergilbten Cowboys bewußt wurden, die auf ihren feurigen Hengsten in säuberlichen Reihen von der Scheuerleiste bis zur Decke ritten. Vor fünf Jahren, als ich nicht älter gewesen war als Joey jetzt, hatte meine Mutter mir erlaubt, die Tapete auszusuchen. Ich hatte mich für Cowboys und Pferde entschieden und über Mutters Vorliebe für Blumen oder farbenprächtige Vögel gespottet. Lange betrachtete ich die Pferde und ihre tollkühnen Reiter, als wären sie wirklich wichtig. Das waren sie selbstverständlich nicht, aber es hielt mich wach, wenn ich mich auf sie konzentrierte.

Endlich rappelte ich mich auf. Meine Zeitungsrunde brachte zwar nicht viel Geld, doch das wenige war sehr wichtig. Dad war schon seit acht Monaten arbeitslos, und meine Schwester hatte am Tage zuvor die Nachricht bekommen, daß sie wegen Personalkürzungen ihre Stellung als Buchhalterin verliere, die sie seit fast einem Jahr innehatte. Jetzt zählten für unsere Familie auch die kleinsten Münzen. Ein Job war ein Job. Es konnte nicht die Rede davon sein, ihn dadurch aufs Spiel zu setzen, daß man zu spät kam.

Drunten in der Küche war es dunkel, doch ich konnte die Umrisse meiner Mutter am Herd erkennen. »Warum bist du denn aufgestanden, Mom?« fragte ich mürrisch. »Ich habe dir schon tausendmal gesagt . . .«

Sie legte mir die Hand auf den Arm. »Pst, Josh! Wir wollen Vater nicht wecken. Er ist erst vor zwei Stunden eingeschlafen.« Sie schenkte einen Becher heiße Milch ein und gab ihn mir. »Hier, trink! Um sieben habe ich dann ein kleines Frühstück für dich.«

Sie war nicht so groß wie ich und mußte das Gesicht heben, als sie mich auf die Wange küßte. »Ich bin so stolz, daß Miß Crowne möchte, daß du nächste Woche bei der Schulveranstaltung spielst. Ich bin sehr stolz auf dich, Josh!«

»Wenn du wenigstens hinkommen und zuhören könntest!

Howie und ich sind in letzter Zeit ziemlich gut, glaube ich.«

»Ich weiß. Und ich möchte euch ja auch so gerne hören, aber es geht nun einmal nicht, also brauchen wir gar nicht mehr darüber zu reden.« Sie wandte sich dem Herd zu und rückte ein paar Töpfe ganz sinnlos hin und her. »Du kannst nach der Schule ruhig noch dort bleiben und üben, wenn du willst. Hier ist ja doch nicht viel für dich zu tun.«

Meine Mutter bügelte den ganzen Tag für die Wäscherei in unserer Straße. Eigentlich hätte sie solche Arbeit nicht tun sollen. Sie spielte ganz ausgezeichnet Klavier, und lange hatte sie Kindern aus der Nachbarschaft Unterricht gegeben. In der letzten Zeit besaß allerdings keiner mehr Geld, um sich so einen Luxus wie Musikstunden zu leisten. Mich selbst hatte sie sieben Jahre lang unterrichtet, bis ich dreizehn war und unser Klavier verkauft wurde, weil Vater nur noch drei Tage in der Woche arbeiten durfte. Sie verstand gut, wie sehr ich die Musik liebte, und sie ermutigte mich auch immer wieder. Von meiner Mutter ging immer Ermutigung aus.

Vater beurteilte mein Spiel eher mit gemischten Gefühlen. Eigentlich liebte er die Musik auch; die gemeinsame Liebe zur Musik hatte ihn und Mutter zusammengeführt, als sie ein kleines, schwarzhaariges, irisches Mädchen von achtzehn Jahren und er ein fast doppelt so alter polnischer Witwer war. Vaters Eltern waren in Polen Musiker gewesen, sogar sehr gute, aber auch sehr arme, was das Geld betraf. Dad lernte schon in der Kindheit die Armut kennen, und er machte seinen Vater dafür verantwortlich, der es niemals fertiggebracht hatte, die Musik aufzugeben und auf einem Bauernhof, in einer Kohlengrube oder in einer Fabrik zu arbeiten. Ich hörte manchmal, wie er Mutter erklärte, was er von Menschen hielt, die Musik als Lebensunterhalt betrachten.

»Diese Hände, Mary«, sagte er dann und breitete die eigenen Hände vor ihr aus, »sind Männerhände. Schwielig sind sie geworden, und oft genug waren sie zerschunden und blutig. Aber sie haben jedenfalls niemals auf Tasten eingeschlagen, während du und die Kinder nicht genug zu essen hatten.«

Mutter kam schnell zu meiner Verteidigung. »Josh ist auch ein Arbeiter, Stefan. Ein Junge, der seit dem zehnten Lebensjahr Tag für Tag an bitterkalten Wintermorgen unterwegs war, um Zeitungen auszutragen, der ist bestimmt nicht weich. Dein Sohn ähnelt dir sehr. Er hat Achtung vor harter Arbeit, aber ich sehe keinen Grund, warum er deshalb um die Begabung betrogen werden soll, die er von uns beiden geerbt hat. Er ist gewandt, Stefan, und er lernt so leicht. Wir dürfen ihm das nicht nehmen!«

In früheren Jahren hatte er ihr meist zugestimmt; manchmal zwar brummig, aber immer ohne Zorn. Als aber die Zeiten immer schwerer und für die meisten Menschen Arbeit und Brot zum wichtigsten Inhalt ihrer Gedanken wurden, sah Dad mein Üben mit verbitterter Ungeduld. Oft hatte ich den Eindruck, daß er alles, was ich tat und sagte, mit bitterer Ungeduld betrachtete.

Das Jahr 1932 war kein gutes Jahr, wenn man fünfzehn Jahre zählt und in einer engen Wohnung mit einem hoffnungslosen Vater zusammenleben muß. Ich war nicht so jung und wirkte nicht so anziehend auf andere Menschen wie Joey; ich war nicht so still und friedsam wie Kitty. Dad und ich erlebten im Laufe des Jahres manchen Zusammenstoß, und je länger diese harten Zeiten anhielten, desto heftiger und zorniger prallten wir aufeinander.

Das war nicht immer so gewesen. In meinen ersten Lebensjahren galt ich in unserer Familie als kleiner Prinz. Ich war Vaters erster Sohn, und für ihn waren Söhne Zeichen der eigenen Kraft und Männlichkeit. Kitty, seiner Tochter aus erster Ehe, war er ein freundlicher Vater; aber mit seinem Sohn prahlte er gern ein wenig, auch wenn er es vielleicht gar nicht wollte. Überallhin nahm er mich mit – auf den Sportplatz und auf den Jahrmarkt, wo ich mich mit Popcorn vollstopfen durfte, ja sogar in die Fabrik, damit ich seine Freunde kennenlernte, die meinen altmodischen Namen und mein düsteres Gesicht komisch fanden. Oft genug habe ich gehört, wie Vater ihnen mit stolzgeschwellter Brust sagte: »Den Bengel müßtet ihr einmal essen sehen! Mary und ich schaffen es kaum, genug Milch und Kartoffeln für ihn aufzutreiben. Ich weiß wirklich nicht, wie das werden soll, wenn er erst fünfzehn ist!«

Und das war die reine Wahrheit – er wußte es nicht. Als ich nämlich fünfzehn wurde, war das Problem eines gesunden Appetits durchaus nicht mehr komisch.

Die ersten bösen Zeiten erlebten wir, als ich fünf Jahre alt war und Joey geboren wurde. Mein Bruder war ein kränkliches Baby, und man gestand ihm nur eine hauchdünne Überlebenschance zu. Mutter und Vater haben sich in diesem Jahr fast totgesorgt, und sie wechselten sich nachts ab, um Joey vor den erstickenden Hustenanfällen zu schützen, die sein Leben bedrohten. Es gab hohe Arztrechnungen, und Sorgen bereitete nicht nur das kranke Kind, sondern auch das mangelnde Geld. Für beide Elternteile war das alles sehr ermüdend, und Dad gehörte nicht zu den Menschen, die Beschwernisse und körperliches Unbehagen still ertrugen. Vergaß ich einmal, daß Joey schlief, und kam türenschlagend und lärmend in das Haus gestürmt, wie ich es zuvor immer getan hatte, dann fuhr Vater mich auf eine Weise an, die mich bald davon überzeugte, daß er alle seine bisherige Liebe zu mir verlor. Kitty wurde nicht so sehr zum Opfer seiner Frustration, weil sie älter und wesentlich ruhiger war als ich. Sie spielte oft stille Spiele mit mir oder nahm mich auf lange Spaziergänge mit, um mich vom Kinderzimmer fernzuhalten. Kitty liebte ich sehr – Kitty und Mutter –, aber zwischen mir und Vater entstand während der ersten Lebensjahre meines Bruders eine merkliche Kühle. Irgendwie verstärkte sie sich im Laufe der Zeit; sie wurde verstärkt durch die kalte Feindseligkeit, die ich Vater gegenüber empfand, durch meine störrische Ablehnung, auf seine Versuche zu reagieren, meine Zuneigung zurückzugewinnen.

Je schlimmer die Zeiten wurden, desto seltener waren diese Versuche. Im Jahre 1930 gab es für Vater von Woche zu Woche weniger Arbeitsstunden; 1932 verlor er vollends seine Stelle. Mit diesem Verlust, mit dem Verlust seiner Ersparnisse, als die Banken geschlossen wurden, vielleicht in dem Augenblick, in dem er nicht mehr der stolze Mann sein konnte, der er immer gewesen war, wurde Vaters Haltung mir gegenüber immer weniger die eines Vaters, der seinen Sohn liebt.

Er sprach stets gern davon, wie er sich aus eigener Kraft emporgearbeitet hatte. 1910 war er als mittelloser Einwanderer ins Land gekommen, und er brachte es bis zum Vorarbeiter, der ein eigenes kleines, aber ordentliches Heim mit einer sich ständig verringernden Hypothek besaß, der seine Familie sonntags im eigenen Auto ausfahren konnte, der sogar in der Lage war, seiner Frau zu Weihnachten eine Nähmaschine zu kaufen. Und wenn er das alles schaffte – gab es dann einen Grund, warum es anderen nicht gelang? Es gab überhaupt keinen Grund außer dem einen: Wer es nicht so weit gebracht hatte wie er, der war faul, dumm oder nicht weitblickend genug.

Und dann waren plötzlich sein Fleiß, seine Voraussicht, sein Streben nichts mehr wert. Er besaß nicht die Macht, sein Häuschen zu retten, seine Familie anständig zu ernähren, ein wenig Stolz und Selbstbewußtsein zu empfinden. Es erging ihm nun genau wie den anderen Männern, auf die er früher verächtlich herabgeblickt hatte.

Ich wußte, daß es schwer für Dad war, doch seine Zornausbrüche, deren Opferlamm ich zumeist wurde, verwirrten mich zuerst und erfüllten mich dann mit wachsender Wut. Mutter hatte oft genug mit mir über Vater gesprochen.

»Wir müssen Geduld mit ihm haben, Josh. Er ist ein guter Mann, aber er läßt eben seine Verzweiflung über seine Vernunft siegen. Wir dürfen nicht vergessen, wie gut er ist, nur weil wir uns leider mit manchem nicht abfinden können.« Niemals hätte sie ganz offen gesagt, daß sie mit mir über manches, was Vater falsch machte, einer Meinung sei. Immer hieß es: »Ich weiß, Josh, ich weiß es ja. Aber wir wollen doch ein bißchen geduldig sein.«

An jenem Morgen, als wir zusammen in der dunklen Küche standen, nahm ich mir fest vor, daß ich Geduld mit Dad haben wollte, und sei es auch nur um ihretwillen. Sie war so klein und so erschöpft von Müdigkeit und Sorgen, daß ich Mitleid mit ihr empfand. Ich klopfte ihr auf die Schulter, als ich meinen leeren Becher auf den Tisch zurückstellte. »Ruh dich doch noch eine Stunde aus. Vor sechs brauchst du nicht aufzustehen.« Sie nickte zwar, doch ich wußte, daß sie bestimmt nicht wieder zu Bett ging. Vermutlich fürchtete sie, daß sie die Zeit verschlafen könne oder nicht mit dem Frühstück zur Stelle wäre, wenn einer nach dem anderen in der Küche auftauchte. Sie arbeitete zu hart und kümmerte sich zuviel um uns. Das bereitete mir Sorgen. Und um Vater Gerechtigkeit widerfahren zu lassen, muß ich zugeben, daß er sich auch deswegen sorgte.

Sie saßen zusammen am Küchentisch, Mutter und Vater, als ich zurückkam. Er sah ganz bedrückt und elend aus, doch nicht zornig, wie ich ihn in letzter Zeit so häufig gesehen hatte. Er hielt Mutters Hand, und sie unterhielten sich ganz ruhig, als ich in die Küche kam. Mutter stand auf, um das Frühstück zuzubereiten, das sie mir drei Stunden zuvor versprochen hatte. »Heute morgen haben wir ein paar Eier«, sagte sie, dann merkte sie, daß ich zitterte, als ich mich näher an den Herd stellte. »Aber, Josh! Du hast ja deinen Pullover nicht angezogen! Hast du denn nicht gesehen, daß ich ihn für dich auf den Stuhl gelegt habe? So früh am Morgen ist es viel zu kalt, um . . .«

Ihre Worte entfachten Vaters allzeit wachen Zorn. Er fuhr mich heftig an: »Muß deine Mutter dich vielleicht noch anziehen wie einen Dreijährigen? Muß sie sich zu allem anderen Kummer auch noch darum kümmern, bloß weil du keinerlei Verantwortungsgefühl zeigst? Nicht einmal richtig anziehen kannst du dich! Es wäre herrlich, wenn du dir eine Erkältung holtest und wir zu allem anderen auch noch die Arztrechnungen hätten, wie?«

Ich wollte etwas antworten, das in mir aufwallte, etwas darüber, daß ich wenigstens noch ein bißchen Geld verdiene, mit dem wir etwas zu essen kaufen konnten, doch ich sah den flehenden Blick, den Mutter mir zuwarf.

Darum schwieg ich.

Vater saß einen Augenblick da und sah von einem zum anderen. Dann stand er auf und legte die Arme um Mutter.

»Entschuldige, Mary. Bitte, entschuldige. Warum muß ich dem Jungen immer Dinge sagen, die dir weh tun? Ich glaube, in mir steckt eine solche Gemeinheit . . .«

»Nein, Stefan. Müdigkeit steckt in dir – und Hunger. Willst du nicht auch ein Ei essen? Bitte! Aus den anderen beiden mache ich dann Rührei für die Kinder, damit sie es sich teilen können.«

»Nein, ich will nichts mehr. Ich gehe jetzt zu den anderen Männern. Wir wollen es heute an einer Stelle in der Western Avenue versuchen.« Er sah mich an. Ich hatte das Gefühl, er wollte auch mich um Entschuldigung bitten genau wie Mutter, aber in diesem Augenblick hätte ich ihm um keinen Preis verzeihen können. Brüsk wandte ich mich von ihm ab. Er hatte mich allzuoft und allzu ungerecht angegriffen. Ich liebte ihn nicht so sehr, wie Mutter ihn liebte.

Als er gegangen war, wandte ich mich an sie. »Mach kein Frühstück für mich. Es würde mir doch nur im Hals steckenbleiben.«

Sie antwortete nicht. Sie ging nur zum Fenster und blickte hinaus. Ich ging hinauf in mein Zimmer, machte ein paar Schularbeiten und bereitete mich auf die Schule vor.

Als ich wieder herunterkam, hatte sie ein Margarinebrot für mich geschmiert. »Kauf dir einen Becher Kakao dazu, Josh. Wenn du hungrig bist, kannst du Miß Crowne nicht gut vorspielen.«

Sobald sie es gesagt hatte, wandte sie sich ab und verließ schnell die Küche, als fürchte sie, ich könnte den Vorfall noch einmal erwähnen. Ich stand am Küchentisch und betrachtete das Brot, das sie für mich zurechtgemacht hatte. Ich hätte sie gern gefragt, ob sie denn auch das Geld für einen Becher Kakao für sich hatte, nachdem sie den ganzen Morgen bügelte. Aber ich hörte, daß sie die Tür zu ihrem Zimmer heftig hinter sich schloß, und ich wußte, was dieses Geräusch bedeutete. Ich hörte es oft genug, als ich noch kleiner war, wenn sie einmal genug hatte von meinen kindischen Ansprüchen. Das Geräusch bedeutete: »Distanz bitte! Ich stehe nicht zu weiteren Gesprächen zur Verfügung!«

Ich glaube, diesmal war sie mir nicht böse, sondern sie wollte nur nicht, daß ich etwas gegen Vater sagte. Ich steckte das Brot in die Jackentasche und machte mich auf den Schulweg.

Für mich war die Penn High School zu einer Zuflucht geworden. Ich war ein guter Schüler, und das trug dazu bei, daß die Schule mir anziehend erschien. Zu den Beliebtesten gehörte ich nicht, doch das machte mir nichts aus, denn nach den Unterrichtsstunden gehörte mir das Klavier oben im Musikraum – und Howie war dann bei mir.

Ich spielte besser als die meisten anderen Jungen meines Alters, glaube ich. Das lag zum Teil daran, daß Mutter eine großartige Lehrerin war, doch in der Hauptsache kam es daher, daß ich die Musik mehr liebte als alles andere auf der Welt. Ich spielte stundenlang, improvisierte über Melodiefetzen, die sich in meinen Gedanken festgehakt hatten, manchmal erfand ich Variationen, manchmal komponierte ich alles gänzlich um, aber meistens fand ich schließlich etwas, das mir genau richtig zu klingen schien. Geschah das, so änderte und feilte ich, bis die Noten mir wie Wasser unter den Fingern dahinglitten.

Howie teilte meine Liebe zur Musik, und er war einer von den ganz seltenen Musikern. Diese Begabung schien ihm angeboren zu sein; er hörte den Rhythmus sehr genau und konnte ihn dann mit einem kleinen Extra wiedergeben, das ganz allein aus ihm kam. Obwohl er keine Note kannte, konnte er Musik aus einem Klavier, einer Gitarre, einer Mundharmonika, einem Taschenkamm hervorlocken. Aber sein Lieblingsinstrument blieb das Banjo. Er besaß ein sehr altes Banjo und behauptete, er habe es gestohlen. Wahrscheinlich stimmte das. Aber wie auch immer er dazu gekommen sein mochte – jedenfalls bedeutete ihm dieses Banjo mehr als sonst irgend etwas auf der Welt. Er verstand es, die Saiten singen zu lassen, und wir hatten noch gar nicht lange zusammen geübt, als wir eine Musik machten, die mich mit einer unbändigen Freude erfüllte. Bei solcher Musik konnte ich die Schwierigkeiten vergessen, die mich daheim bedrängten; ich vergaß Vaters Launen und alle trüben Gesichter im Westen von Chicago. Tag für Tag schlossen Howie und ich die Tür des Musikraums hinter uns und sperrten damit die wirren Zeiten aus.

Howie war ein Junge, der mancherlei Kummer zu ertragen hatte, sich aber niemals gänzlich davon niederdrücken ließ. Er war nur wenige Monate jünger als ich und doch nicht viel größer als Joey. Ein schmalgesichtiger, hagerer Junge war er mit großen dunklen Augen, die eben noch voller Traurigkeit sein konnten und im nächsten Augenblick schon voller Lachen, das sich über die Traurigkeit lustig machte und sie nicht anerkennen wollte. Seinen Vater hat er, glaube ich, nie gekannt; dafür hatte er eine Reihe von Stiefvätern, von denen sich keiner viel um ihn kümmerte. Seine Mutter war betrunken, wenn sie genug Geld auftreiben konnte, um Whisky zu kaufen, und gemein, wenn sie nicht betrunken war. Howie sprach nicht gern von ihr. Er sprach lieber über heitere Dinge, und das Auffallendste an ihm war sein Mund, ein Mund, der stets zum Lachen bereit schien. Vielleicht fiel mir das besonders auf, weil mein eigener Mund ohne Lächeln war, sogar ein wenig mürrisch. Ein herrlicher Bursche war er, dieser Howie, der einzige wirkliche Freund, den ich in der Schule besaß.

An jenem Nachmittag übten wir etwas, das ich komponiert hatte. Es war eine fließende Story mit wechselnden Tonarten, ein Thema, das ich ganz aus der Stimmung heraus improvisiert hatte, ein Ausdruck von Gefühlen, die in mir waren und sich ganz danach änderten, ob gerade die Sonne schien oder nicht; es war eine Darstellung von Träumen, die manchmal möglich schienen, der Verzweiflung, die in die Zeit paßte. Howie und ich hatten seit Monaten daran gearbeitet, und in letzter Zeit strahlte Miß Crownes Gesicht jedesmal, wenn wir es spielten. Wir brauchten sie gar nicht erst zu fragen, ob wir gut seien. Wir wußten es, als sie uns bat, bei der Schulfeier zu spielen.

Der Oktobernachmittag draußen vor den Fenstern war so freundlich und verschlafen, als gäbe es keinerlei Schwierigkeiten auf der Welt. Die gute alte Mutter Natur tat so, als hätte jeder Mensch auf der Erde einen gutbezahlten Job, als würde an jedem Abendbrottisch der Hunger der Kinder ringsum gestillt. Vielleicht nahm die Natur sogar an, Kinderhunger sei eine unbedeutende Art von Hunger, werde zwar von Arbeit und Spiel verstärkt, sei aber nicht wichtig genug, um ernstgenommen zu werden. Das leise Nagen des Hungers brauchte nicht sonderlich wichtig genommen zu werden, wenn man gegen Abend auf eine gute Mahlzeit rechnen konnte und sich darüber so wenig Gedanken machte, wie über die Abenddämmerung selbst.

So war es jedenfalls bei mir früher einmal gewesen – wunderbarer, nagender, aber gleichgültiger Hunger. Für die meisten von uns war es längst nicht mehr so.

Plötzlich ärgerte ich mich, daß die Natur so unbekümmert sein konnte, so blind für alles Trübe, das meine Musik nur für Minuten aufhellen konnte. Ich schlug ein paar Akkorde auf den gelben Tasten an, angefüllt von einer hilflosen Art der Widerspenstigkeit, doch Howie riß mich sekundenschnell aus meiner Stimmung.

»Was hast du denn, Josh?« fragte er lachend. »Los, fangen wir an! Mein Banjo schreit mal wieder nach einem richtigen Dixie-Rhythmus!« Dabei ließ er die Finger schon über die Saiten tänzeln.

Ich grinste ihn an, legte die Hände auf die Tasten und war zu den ersten Akkorden bereit. Die vielen Monate gemeinsamen Übens hatten dafür gesorgt, daß Howie und ich wie ein einziger Junge waren, wenn wir spielten. Er spürte genau den Augenblick, in dem ich das Tempo verändern wollte; er wußte, wann meine Stimmung nach Lachen und Clownerie verlangte, er spürte es, wenn ich so tief niedergeschlagen war, daß ich nur noch mit den verzweifelten Menschen empfand, die an den Straßenecken Mülleimer durchwühlten oder sich an brennenden Zeitungen die Hände wärmten. Howie und ich vibrierten von einer Musik, über die keiner von uns in musikalischen Begriffen hätte reden können.

Miß Crowne muß an diesem Nachmittag hundemüde gewesen sein. Ihr Gesicht wirkte grau und abgespannt, aber sie kam in den Musikraum, stand da, beobachtete uns, wiegte sich ein wenig in unserem Rhythmus, lächelte und wischte sich zugleich Tränen aus den Augenwinkeln. Als wir fertig waren, trat sie näher und blieb neben dem Klavier stehen. Howie war ein mieser Schauspieler, das kann man nicht anders sagen. Er lehnte den Kopf gegen seine Stuhllehne und schloß die Augen. »Mein Gott, war das schön! Josh, du bist einfach großartig, und ich bin beinahe so gut wie du!«

Miß Crowne lachte. Sie lachte oft über Howie. »Ihr zwei bringt es jedenfalls fertig, daß ich für ein paar Minuten Menschenschlangen vor der Bäckerei vergesse.« Sie nickte mir zu. »Es ist gut, Josh, wirklich gut! Du läßt das richtig lebendig werden, und Howie liefert einen Rhythmus dazu, daß die Zuhörer nächste Woche sehr genau zuhören werden!«

Wenn Miß Crowne uns lobte, fühlten wir uns wie auf Wolken. Obwohl sie eine Bewegung machte, wie wenn sie uns aus der Tür fegen wolle, als wir uns umständlich dafür bedankten, daß wir ihren Raum benutzen durften, wußten wir genau, daß sie uns mochte und daß sie stolz auf das war, was wir leisteten.

»Geht jetzt nach Hause, ihr zwei«, sagte sie uns. »Ihr müßt sicher noch Schularbeiten machen, und ich habe einen Heimweg von einer Stunde mit der Straßenbahn. Raus mit euch, meine Herren!«

Wir mußten gehen, doch wir verließen sie ungern. Wir wären gern noch geblieben, um noch einmal zu hören, wie sehr ihr unsere Musik gefiel. Vor allem aber wollten wir wohl den Augenblick hinauszögern, in dem wir wieder heim mußten.

Draußen verabschiedete ich mich von Howie und sagte ihm, vielleicht könne ich heute abend noch einmal weggehen, und dann würde ich ihn wie immer an der Ecke beim Drugstore treffen. Ich sagte ihm nicht, daß ich noch weggehen konnte, falls Vater in der Stimmung war, mich einfach zu übersehen. Ich brauchte nichts zu erklären; Howie wußte ohnehin, wie die Dinge lagen.

Er sagte: »Bring doch Joey mit! Vor ein paar Tagen habe ich einem Burschen ein Laubsägepuzzle geklaut, der es nie vermissen wird. Ich möchte es gern Joey schenken.«

Ich wiegte den Kopf. »Der muß früh ins Bett«, sagte ich, denn ich legte keinen Wert darauf, meinen jüngeren Bruder mitzuschleppen. Howie hatte nichts dagegen. Er besaß keine eigenen Brüder, und zu Joey empfand er eine ganz besondere Zuneigung.

Bei uns daheim wurde Joey selbstverständlich am besten beschützt und am meisten geliebt. Im Laufe der Jahre war er zwar stärker geworden, doch er blieb noch immer zart, ein wenig zu dünn und zu empfindlich für diese schweren Zeiten. Außerdem war er wunderschön, ein Junge mit einem Mund, der von einem Bildhauer geschaffen zu sein schien, und großen grauen Augen unter einem hellen Haarschopf. Ich liebte Joeys Schönheit, doch das brachte mich durchaus nicht von der alten Feindseligkeit gegen ihn ab; seine Geburt bedeutete das Ende der Eintracht zwischen Vater und mir. Wahrscheinlich hätte ich wohl ein wenig weiser sein sollen, aber im Laufe der Jahre hatte ich mich durchaus nicht bemüht, meine Gefühle zur Vernunft zu bringen. Ich blieb gedankenlos dabei, meinen Bruder nicht gerade zu hassen, ihn aber auch nicht besonders zu mögen.

Die Heldenverehrung, die Joey mir gegenüber an den Tag legte, nahm ich als selbstverständlich hin, so wie ich jahrelang Brot und ein Dach über dem Kopf für Selbstverständlichkeiten gehalten hatte. Es war gar nicht zu übersehen, daß Joey mich für einen tollen Kerl hielt. Ich sah stark und stämmig aus; ich wußte manches, was ihn denken ließ, ich sei ganz besonders klug. Ich tat Dinge, die er nur zu gern auch getan hätte, und es schien ihm gar nichts auszumachen, daß ich oft sehr brüsk zu ihm war, daß ich ihn auf eine Weise beherrschte, die mir nicht zustand. Vielleicht hielt Joey das alles für das selbstverständliche Verhalten großer Brüder. Ich weiß es nicht. Aber ich weiß, daß ich manchmal ein jähes Schuldgefühl empfand, wenn ich in seinem Gesicht die eifrige Freundlichkeit sah, von der ich wußte, daß ich sie nicht immer verdiente.

So war es auch, als ich nach dem Üben heimkam. Er saß hinter dem Haus und beugte sich in der Dunkelheit über irgend etwas. Ich konnte nicht sehen, womit er sich beschäftigte, bis ich fast über ihn fiel. Da saß er inmitten von Schmutz und Abfall und streichelte eine dürre Straßenkatze, die aus einer rostigen Blechdose Milch schleckte. Joey hielt eine Milchflasche für fünf Cent in der Hand.

»Sie war schon fast verhungert, Josh«, sagte er schnell, als wäre ihm klar, daß er mir eine Erklärung schuldete. Joey wußte ganz genau, daß Milch in diesem Herbst nicht für streunende Katzen bestimmt war. »Sie hat Junge, und da braucht sie unbedingt Milch. Du bist mir doch nicht böse, nein?«

»Woher hast du das Geld für die Milch?« fragte ich streng.

»Kitty hat es mir geschenkt. Sie ist gestern zu Fuß von der Arbeit heimgekommen, damit sie das Fahrgeld spart. Und weil sie mir doch letzte Woche nichts zu meinem Geburtstag hat kaufen können. Es war mein Geld, Josh, ehrlich! Und die Katze hatte doch solchen Hunger!«

»Kitty muß ja wohl ins große Geschäft eingestiegen sein, wenn sie dir Geld gibt, nachdem sie gerade ihre Stellung verloren hat«, antwortete ich. »Und du hörst jetzt mal ganz genau zu, Joey! Wenn du irgendwo ein bißchen Geld auftreibst, dann gibst du es gefälligst Mutter, damit sie davon Lebensmittel kaufen kann! Ich weiß wirklich nicht, was Vater mit dir anstellen würde, wenn er wüßte, daß du Milch für eine struppige Straßenkatze kaufst!«

Joey sah verängstigt aus. So sehr er auch immer verwöhnt worden war, hatte er doch Vaters üblen Launen im Laufe des letzten Jahres nicht völlig entgehen können. »Verpetzt du mich, Josh?« fragte er.

Ich schüttelte den Kopf. »Wir haben schon Ärger genug, ohne daß noch neuer hinzukommt. Aber tu es nicht wieder, hörst du? So etwas darfst du nie wieder tun!«

Obgleich ich meinen Ärger durchaus als berechtigt empfand, trafen mich meine eigenen Worte. »So etwas« galt für das Füttern eines hungrigen Tieres, und ich vermittelte Joey den Eindruck, er habe ein Verbrechen begangen, weil er Mitleid hatte. Früher einmal war ich so versessen wie er darauf, jedes streunende Tier zu füttern, das in unsere Nähe kam. Es war seltsam, was Armut und Angst vor dem Hunger aus einem natürlichen Anstandsgefühl machen konnten.

Ich glaube, meine Stimme wurde ein wenig weicher. »Komm, Joey, gehen wir hinein. Ich sage auch nichts davon.«

Wir gingen hinein in das Haus und in seine Atmosphäre der Beklemmung. Mutter schüttete gerade dampfende Kartoffeln aus dem Kochtopf in eine Schüssel, die sie auf den Tisch stellte. Sonst war nichts da, abgesehen von einem Glas Milch an Kittys Platz, an meinem und an Joeys. Bei Vater war eine Tasse Kaffee, bei Mutter war nichts. Vater stand neben Kittys Stuhl, sein Gesicht war düster und drohend. Kitty weinte.

»Ich habe es doch versucht, Daddy«, sagte sie. »Ich habe mir so große Mühe gegeben! Ich wollte diesen Job bekommen, habe ihn mir mehr gewünscht als irgend etwas anderes in meinem Leben. Und ich bekam eine solche Angst, daß ich ganz durchgedreht bin. Ich konnte mich überhaupt nicht mehr an Stenografie erinnern, und meine Hände haben so sehr gezittert, daß ich die Schreibmaschinenprüfung nicht bestanden habe. Du mußt mir glauben, Daddy, ich habe es wirklich versucht . . .«

»Dann hast du es eben nicht genug versucht, verstehst du? Deine Mutter und ich haben gutes Geld ausgegeben, damit du die High School hinter dich bringen konntest, wir haben dir die Chance gegeben, das alles zu lernen, damit du dir deinen Lebensunterhalt verdienen kannst. Also wirst du morgen wieder hingehen und wirst dir noch hundertmal mehr Mühe geben als heute, oder du brauchst gar nicht mehr . . .«

Plötzlich unterbrach er sich, setzte sich an den Tisch und sah so verzweifelt aus, wie ich ihn noch nie gesehen hatte. Kitty schluchzte. Es war schrecklich.

Bisher hatte ich noch nie erlebt, daß Vater zu Kitty gemein wurde. Sie war die Tochter Elzbietas, seiner jungen Frau in Polen, die an Kittys Geburt gestorben war. Mutter erzählte mir oft genug, was für ein verängstigtes kleines Mädchen Kitty gewesen war, als Vater sie in dieses Land und zu einer neuen Mutter hatte kommen lassen. Ich glaube, Mutter und Vater haben sich damals große Mühe gegeben, um Kittys Selbstvertrauen mit Liebe und Verständnis zu polstern.

»Du mußt das verstehen, Josh«, sagte Mutter einmal zu mir, als ich glaubte, Kitty sei mit größerer Aufmerksamkeit als ich behandelt worden. »Du mußt begreifen, daß Dad mächtig stolz auf dich ist. Du bist ein Sohn, und dein Vater ist ein Mann, der sich Söhne wünscht. Aber manchmal fürchtet er sich, zu deutlich zu zeigen, was er für dich empfindet, und dann zeigt er eben seiner Tochter, daß er auf sie auch so stolz ist wie auf dich. Dabei geht er vielleicht sogar so weit, daß es so aussieht, als hätte er sie lieber als dich, aber das ist nicht wahr. Du mußt das verstehen; es gehört nun einmal zu seinem Wesen.«

An jenem Abend, als Kitty weinte, fragte ich mich, ob Vater überhaupt einen Menschen lieben konnte.

Es dauerte nur ein paar Minuten, bis er auf mich losging. »Und wo warst du so lange? Es ist ja schon fast dunkel!« schrie er. »Warum kommst du von der Schule aus nicht gleich nach Hause und hilfst deiner Mutter?«

»Ich habe geübt«, gab ich kurz zurück und erwartete, daß dieses Eingeständnis noch größeren Zorn über mich bringen würde, doch Mutter mischte sich schnell ein: »Ich habe es ihm erlaubt, Stefan. Er muß doch üben, wenn er nächste Woche bei der Schulfeier spielen soll.«

Darauf sagte er nichts; er saß nur zusammengesunken auf seinem Stuhl und starrte auf den Teller.

Wir blieben alle lange still. Joey hielt die Augen gesenkt und aß sehr langsam. Sicher begriff er, warum ich es vorzog, Vater nichts über die fünf Cent zu sagen, die er für Katzenmilch verschwendet hatte. Und dann tat ich etwas, das einen weit mächtigeren Zorn heraufbeschwor, als Joeys Spende an die Katze es getan hätte. Ja, sicher, es war gedankenlos, doch ich war immer hungrig, und oft hatte ich am Abendbrottisch schon dieselbe Frage gestellt: »Sind noch Kartoffeln da, Mom?«

Dad fuhr zu mir herum, als hätte ich ihn geschlagen. »Nein, es sind keine Kartoffeln mehr da, und wenn du nicht genug bekommen hast, dann ist das eben dein Pech! Glaubst du vielleicht, dein mieser kleiner Job gibt dir das Recht, mehr zu essen, wenn alle anderen am Tisch noch hungrig sind? Ist dir vielleicht klar, daß deine Mutter den ganzen Tag gebügelt hat, um das Geld zu verdienen, durch das sie uns etwas vorsetzen kann? Und sie fragt nie, ob noch etwas da ist!«

Mutter wollte ihn unterbrechen. Sie sagte: »Stefan! Ist es denn wirklich schon so weit gekommen? Passen wir schon auf, was ein anderer ißt?«

Er stand auf und verließ den Raum. Kitty lief in ihr Zimmer hinauf, Joey ging hinaus und setzte sich auf die Treppe vor der Haustür. Mutter und ich blieben allein am Tisch. Sie weinte nicht – ich glaube, an Tränen war sie schon längst vorüber. Sie saß nur wortlos da, und ich sah sie an und grübelte.

Immer war sie so schön gewesen und so jung – bis vor zwei Jahren. Jetzt sah sie alt aus, obwohl sie in Wirklichkeit erst sechsunddreißig war. Ich fragte mich, wie sie all diese Schwierigkeiten ertragen konnte. Ich hatte mein Leben in der Schule, hatte meine Musik. Mutter hatte die Musik nicht mehr, die sie liebte. Sie hatte nur noch tagaus, tagein das Bügelbrett und einen Mann, der seiner ganzen Familie das Leben schwermachte, wenn er abends heimkam.

»Ein großartiger Mann, Mutter! Wirklich ein großartiger Mann! Ein Mann, zu dem ich immer aufschauen muß. Das wolltest du mir doch sagen, nicht wahr?«

»Weißt du denn, was er heute durchgemacht hat, Josh? Von halb acht heute früh bis nachmittags um fünf in einer Schlange, um drüben an der Western Avenue Arbeit zu bekommen. Mittags hatte er keinen Bissen zu essen, und heute früh hatte er auch nur Kaffee und ein Stück Brot . . .«

»Mehr hattest du doch auch nicht!«

Sie überhörte es. »Er stand als vierter in der Reihe, als das Fenster vom Einstellungsbüro geschlossen wurde. Kannst du denn nicht verstehen, was das für einen Mann bedeutet, Josh? Immer hat dein Vater uns gut ernähren können, er hat uns gekleidet und uns ein anständiges Zuhause geboten. Aber jetzt kann er nicht mehr weiter. Er ist verzweifelt.«

»Und das alles gibt ihm das Recht, Kitty und mich zu hassen!«

»Josh, er haßt euch doch nicht! Zu Kitty ist er immer gut gewesen, und unter seiner rauhen Schale ist er auf dich besonders stolz. Wenn du doch nur begreifen wolltest, wie stolz er immer war . . .«

Ich war zu ihr jetzt fast so böse wie zu ihm. »Weißt du nicht noch mehr hübsche kleine Geschichten? Fällt dir nicht noch etwas ein, was mich dazu bringt, meinen lieben alten Daddy zu lieben?« Ich stand auf, ging rund um den Tisch und stand nun vor ihr. »Hör zu, Mom. Du hast selbst gehört, wie er mit uns geredet hat. Du weißt genau, daß ich keine Bewegung machen kann, ohne daß er mich ankläfft. Aber deiner Meinung nach ist er immer noch jemand, mit dem man Geduld haben muß, den man lieben und ehren muß. Hab' ich recht?«

Sie sah mich so fest an, wie ich auf sie hinuntersah. »Wenn eine Frau sich an der Seite ihrer Kinder gegen ihren Mann stellt, dann gehen ihre Ehe und ihre Familie kaputt, Josh. Dein Vater ist beinahe verrückt vor Furcht und vor Verzweiflung. Und ich werde zu ihm stehen, was immer sein eigener Sohn auch gegen ihn sagt!«

»Dann glaube ich nicht, daß es hier noch einen Platz für mich gibt. Ich werde wohl besser fortgehen und allein für mich sorgen, hab' ich nicht recht, Mom?«

Niemals hatte ich soviel Leid in ihrem Gesicht gesehen wie in diesem Augenblick, doch in mir war eine Härte, die mich gegen dieses Leid fühllos werden ließ. Ich wiederholte meine Frage: »Es wird Zeit, daß ich hier verschwinde, nicht wahr, Mom?«

Sie nickte; oder wenigstens schien es mir so. Es war eine kaum wahrnehmbare Bewegung. »Du zwingst mich, Josh. Du treibst mich dazu, etwas zu sagen, das mich fast umbringt. Aber ich glaube, du hast recht. Hier gibt es nichts für dich. Nicht genug zu essen, keine Arbeit. Und du und dein Vater – ich glaube, es ist besser, daß ihr euch trennt, ehe es schärfere Auseinandersetzungen gibt, als wir bisher erlebt haben. Ich glaube, du hast recht. Du bist ein kräftiger Junge, du bist klug. Vielleicht kannst du etwas Besseres finden, als wir hier zu bieten haben.«

Sie hatte es gesagt. Ich wollte gern in Selbstmitleid versinken, ich hätte sagen können, daß Vater und Mutter mich verstießen, daß sie mich allein ließen. Die Welt dieses armseligen Jahres lag vor mir. Ich würde es schon schaffen; und wenn ich es nicht schaffte, dann war da kein Mensch, den das bekümmerte.

Aber ich war nicht annähernd so verzweifelt, wie ich meiner Meinung nach hätte sein sollen. Vielmehr steckte ich plötzlich voller Erregung. Ich brannte darauf, mich auf den Weg zu machen, alle Bindungen an mein Zuhause zu lösen und Chicago hinter mir zu lassen. Pläne keimten in meinem Kopf, als ich aus dem Haus stürzte und an Joey vorbei auf die Straße lief. Ich konnte es kaum erwarten. Atemlos erreichte ich den Drugstore und setzte mich dort auf den Bürgersteig, um auf Howie zu warten.

2

Howie ließ eine Weile auf sich warten. Er hatte erst noch eine halbe Stunde damit verbracht, einen Kistenhaufen zu durchwühlen, der von irgendeiner Lebensmittelfirma auf einem freien Bauplatz abgeladen wurde. Die halbe Stunde war immerhin gut verwendet, denn Howie konnte die Ratten im Wettlauf um eine kaum angefaulte Orange schlagen. Er schnitt die schlechte Stelle mit seinem Taschenmesser heraus und teilte den Rest zwischen uns auf. Dabei lächelte er sein breitestes Lächeln und freute sich, mir einen Leckerbissen bieten zu können. Ich fragte mich, ob Joeys Katze wohl für die Milch ebenso dankbar war wie ich für diesen Bissen Orange.

Eine Minute später erzählte ich Howie von meinem Plan. »Ich halte es nicht mehr aus«, erklärte ich ihm. »Ich haue hier ab und hoffe, daß ich Chicago nie mehr wiedersehe. Und meinen Vater auch nicht. Und . . .« Die Verbitterung war wie eine Faust, die innerlich auf mich einschlug, »und meine Mutter auch nicht. Die steht ganz auf seiner Seite. Jedenfalls verschwinde ich. Hoffentlich sind sie so froh, mich los zu sein, wie ich mich freue, daß ich mit ihnen fertig bin.«

Howie hob die Schultern. Ich nehme an, daß ihm meine Familienschwierigkeiten ziemlich unbedeutend vorkamen. Dann antwortete er so beiläufig, als hätte ich ihm einen Spaziergang um den Häuserblock vorgeschlagen: »Hm, ich glaube, ich komme mit, Josh.«

»Und was sagt deine Mutter dazu?«

Howies Augen wurden eisig. »Soll das ein Witz sein?« fragte er.

»Nein. Ich will nur sicher sein, daß keiner auf den Gedanken kommt, zwei Ausreißern die Polizei auf den Hals zu hetzen.«

»Da kannst du ganz beruhigt sein.«

Wir schwiegen eine Zeitlang. Dann sagte ich: »Wir können es schaffen, meinst du nicht auch, Howie?«

Aus seiner eisigen Stimmung steigerte er sich in eine fröhliche Begeisterung, als hätte er innerlich einen Salto vollführt. »Selbstverständlich können wir es schaffen! Weißt du, eigentlich gehören wir zu den Jungs mit dem meisten Glück weit und breit. Wir besitzen wenigstens etwas, was die Leute gern mögen. So schlecht auch die Zeiten sind, die Leute wollen immer noch Musik hören. Und die haben wir, Josh. Wir sind ein bißchen besser als nur ›ganz gut‹, das weißt du genau. Wir finden irgend etwas, eine Kneipe, ein Restaurant, ein Tanzlokal – irgendeinen Ort, an dem die Leute dafür zahlen, daß sie die Musik hören können, die wir machen.«

Jetzt fühlte ich auch in mir die Begeisterung anwachsen. »Wir halten uns an die kleineren Städte, Howie. Chicago ist zu groß und häßlich. Chicago ist auch zu nahe bei meinem Alten. Wir halten uns lieber an die kleineren Städte, in denen die Lage vielleicht nicht ganz so schlecht ist.«

»Ja, richtig, die kleineren Städte. Im Westen. Vielleicht im Süden und im Westen, wo der Winter nicht so lang ist. Mein Gott, mein Leben lang habe ich den Westen kennenlernen wollen. Wir besorgen uns einen leeren Handwagen . . .«

Unsere Pläne wucherten. Wir redeten aufgeregt durcheinander, unterbrachen uns gegenseitig mit immer neuen Einfällen. In dieser Stunde, als Howie und ich auf dem Bordstein saßen und unsere Pläne besprachen, erschien uns nichts unmöglich.

Dann wurden wir plötzlich abgelenkt. Ich hatte auf die schattenhaften Umrisse eines Jungen nicht weiter geachtet, bis er näher kam und vor uns stand. Es war mein Bruder.

»Was machst du denn hier, Joey?« fragte ich mürrisch.

»Ich komme mit dir, Josh«, sagte er so ruhig, wie Howie es vor einer Stunde gesagt hatte.

»Woher weißt du denn, daß ich weg will?«

»Ich weiß, daß du fortgehst. Ich habe gehört, wie du es Mom gesagt hast. Und jetzt hör mir zu, Josh. Ich komme mit!«

»Und jetzt hörst du auch zu, Joey. Das kommt überhaupt nicht in Frage, du bist zu jung. Du kannst mit Jungen in unserem Alter nicht Schritt halten, und du bist vernünftig genug, um das selbst genau zu wissen.«

»Howie, bring ihn soweit, daß er mich mitkommen läßt!« Joey wandte sich von mir ab. Seine Stimme flehte Howie an, und ich glaube, ich wußte schon in diesem Augenblick, wie die Entscheidung ausfallen würde.

Joey wußte genau, was er tat, als er sich an Howie wandte. Howie war sein Freund, und das wußte er. Oft hatten sie nebeneinander auf der Schultreppe gesessen, an den Sommertagen, wenn niemand sonst in der Nähe war, und Howie hatte

Joey beigebracht, ein paar Akkorde auf den Banjosaiten zu zupfen. Manchmal ließ er Joey singen, und dann sang auch sein Banjo, und ihre Gesichter waren ganz hell vor Freude. Howie war viel freundlicher zu Joey als ich, er war geduldiger, und er achtete Joey mehr als einen selbständigen Menschen.

Er blickte mich an, als Joey ihn bat. »Warum kann er nicht mit uns kommen, Josh?«

»Er kann eben nicht. Er könnte nicht soviel aushalten wie wir. Er würde uns nur aufhalten, das weißt du so gut wie ich. Wir haben unsere Pläne, Howie, und ich glaube, die können wir auch ausführen. Aber es geht bestimmt schief, wenn wir ein Kind mitschleppen müssen.«

»Er kann singen«, sagte Howie wie zu sich selbst. »Er hat eine hübsche, klare Stimme, manchmal ein bißchen falsche Töne, aber nett. Eine Menge Leute gibt es, die einen kleinen Jungen gern singen hören und uns gar nicht beachten würden. Joey kann wahrscheinlich gut für sich selber sorgen.«

»Ich habe dir gesagt, Howie, daß er nicht mitkommen kann. Ich lasse es einfach nicht zu, und das ist mein letztes Wort.«

»Vielleicht könnten wir beide allein gehen, Joey! Soll der gute alte Josh doch hierbleiben und die Leute herumkommandieren, wenn er das so gern tut. Wir zwei zusammen könnten eine Menge Kleingeld verdienen, wenn wir ein bißchen üben und uns die richtigen Stellen aussuchen.« Er grinste Joey an, und mein Bruder grinste triumphierend zurück. Für eine Minute war ich beiden böse, aber schon in dieser Minute dämmerte mir, daß ein Maler, der diese beiden Gesichter malen könnte, diese Gesichter, die hager von zu kärglichen Mahlzeiten und doch zugleich voller Lachen waren – daß ein Maler, der diesen Augenblick festhalten könnte, damit ein Meisterwerk vollbracht hätte.

So war also alles entschieden, und spät am Abend schlichen Joey und ich mit einem alten Pappkoffer voller Kleider, den Überresten einer alten Wolldecke und allen Streichhölzern, die ich im Hause finden konnte, aus unserem Zimmer. Streichhölzer hielt ich für besonders wichtig. Einmal hatte ich eine Geschichte über eine Expedition gelesen, die ganz ausgezeichnet durchdacht und vorbereitet zu sein schien. Und dann brach alles zusammen, weil man eine Kleinigkeit vergessen hatte. Keine Streichhölzer! Ich pirschte mich durch das Haus und sammelte jedes Hölzchen ein, das ich finden konnte. Ich war viel zu aufgeregt, um darüber nachzudenken, wie ernst der Schritt war, auf den wir uns einließen. Wenn ich überhaupt an Mutter und Vater dachte, dann nur im Zorn, den ich sorgfältig anfachte, damit er mir half, nicht den Mut zu verlieren. Nichts zählte mehr, wenn wir nur endlich fort waren!

Wir trafen Howie am Ende unserer Straße. Er hatte sein Banjo bei sich und trug ein Kleiderbündel unter dem Arm. In jener Nacht schliefen wir zu dritt in einem Park. Dann fanden wir sehr früh am Morgen eine Küche der Heilsarmee, die schon geöffnet war, aber noch keine Gäste hatte. Ein großer Mann, der sehr müde aussah, betrachtete uns kopfschüttelnd, gab aber jedem einen Napf voller Haferflockenbrei. Dann sagte er uns, wir sollten nicht wiederkommen. Die Verpflegung, die er austeilte, war für Männer bestimmt, die vor den Fabriken Schlange stehen mußten, nicht aber für entlaufene Kinder.

Unsere Erfahrungen am ersten Tag zeigten, wie recht Howie gehabt hatte, mich zu überreden, Joey mitkommen zu lassen. Am frühen Nachmittag versuchten wir zum erstenmal unser Glück mit unserer besonderen Art von Bettelei. Das heißt, Howie und Joey versuchten es. Sie eigneten sich bestens dafür, weil sie beide klein waren. Joeys blondes Haar bildete einen auffälligen Kontrast zu Howies dunklen Augen und seinem ausgehungerten Gesicht. Ich mischte mich unter die Menschen und beobachtete die Vorstellung, die Howie und mein Bruder gaben.

Joey sang, und sein Gesicht war ganz hell unter dem blonden Haar, das er sich von Zeit zu Zeit aus dem Gesicht streifen mußte. Seine Stimme war hübsch und klar, ein bißchen dünn, nicht immer ganz rein. Aber das konnte Howie mit seinem

Banjo überspielen, und so ging es ganz gut. Howie besaß ein ausgeprägtes Gefühl für Show. Er ließ die Finger über die Saiten tänzeln und lächelte dann Joey an, als sei diese Tonfolge ein kleines Geheimnis zwischen ihnen. Die Menschen blieben stehen und beobachteten sie. Manche lächelten, während sie dastanden und zuhörten, andere Gesichter sahen noch trauriger aus als zuvor. Aber viele Leute ließen Kleingeld in Joeys ausgestreckte Mütze fallen.

An diesem Nachmittag sammelten sie siebenundachtzig Cent. Als es dämmerte, kamen sie zu mir, und gemeinsam triumphierten wir über den erfolgreichen Anfang. Wir kauften Würstchen und einen Laib Brot, und danach besaßen wir immer noch genug Geld für ein Frühstück. Beim Essen strahlten wir. Wenn schon Joeys Gesang und Howies Banjo genug Geld zusammenbrachten, daß wir davon essen konnten, dann mußte es uns einfach gutgehen, wenn es nur gelang, irgendein Lokal mit einem Klavier aufzutreiben, in dem der Besitzer bereit war, für unsere Musik zu bezahlen. Hin und wieder wollte ich einfache volkstümliche Melodien spielen, dachte ich mir, und Joey konnte dann dazu singen. Ich unterschätzte ihn jetzt nicht mehr. Heute nachmittag hatte er jedenfalls etwas geleistet.

Ich fühlte mich glücklicher als seit Wochen. An dieser Straßenecke hatten wir Selbstvertrauen gewonnen, Selbstvertrauen für siebenundachtzig Cent, und daraus entstand ein wunderbares Gefühl.

Als es dunkelte, kauerten wir uns unter die Treppe, die zu einem Hochbahnsteig hinaufführte. Eine Zeitlang sprachen wir leise miteinander, und die Worte »Wir können es schaffen; ich weiß genau, daß wir es schaffen!« wurden zu einem Refrain. Anfangs merkten wir gar nicht, wie oft wir diese Worte wiederholten, und als es uns endlich doch auffiel, dehnten wir unseren Refrain endlos aus und lachten darüber, wie komisch wir uns im Grunde benahmen.

Joey und Howie wurden sehr früh müde. Sie lehnten sich an mich, um ein wenig Wärme zu finden, und waren bald eingeschlafen, aber ich saß noch lange wach. Kleine Windstöße bliesen mir von Zeit zu Zeit Staub und Papierfetzen ins Gesicht. Über mir dröhnten die Hochbahnen so oft dahin, daß ihr Lärm monoton wurde und ich ihn kaum noch bemerkte.

Einmal kam eine Frau und stützte sich lange am Treppenpfeiler. So nahe war sie, daß ich ihr Kleid hätte berühren können, aber sie sah uns nicht. Sie weinte. Da mußte ich an Kitty denken, und ich war froh, als die Frau endlich die Stufen zur Bahn hinaufstieg. Sehr spät in der Nacht, als das Mondlicht fast schon an Morgengrauen denken ließ, kam ein Polizist vorbei. Er blieb stehen und sah uns an, aber nach einem einzigen Blick kniff ich die Augen zu, und er entschied sich offenbar dafür, uns unseren Schlaf zu gönnen. Erst geraume Zeit später ging er davon.

Am Morgen, nach einem besseren Frühstück, als wir es daheim seit langem bekommen hatten, machten wir uns auf den Weg zum Güterbahnhof. Wir hatten noch genug Geld für die Straßenbahn übrig, also konnten wir ganz behaglich hinausfahren, nachdem wir uns zum richtigen Wagen durchgefragt hatten. Um das Geld machten wir uns keine allzu großen Sorgen. So weit wie möglich wollten wir mit dem Güterzug fahren, dann konnten Howie und Joey ihre gestrige Vorstellung wiederholen. Das brachte uns bestimmt genug zu essen ein, bis wir richtige Arbeit finden konnten. Von dem Brot, das wir am Vorabend gekauft hatten, war noch ein Stück übrig. Während der Bahnfahrt mußte es ausreichen.

Am Güterbahnhof sahen wir unzählige Geleise. Nie hatten wir uns vorstellen können, daß es so viele nebeneinander gab. Züge kamen und gingen, wurden für eine Fahrt beladen, rangierten – alles war wirr und unübersichtlich. Dazu kam noch eine ganze Armee von Männern, viele davon Bahnarbeiter, andere Landstreicher wie wir. Diese Männer sahen sich gründlich um, musterten die Waggons und ihre Ladung, warteten auf die Pfeifsignale, die die Abfahrt eines Zuges ankündigten. Sobald dieses Signal ertönte, liefen die Männer an, sprangen auf einen Wagen, verschwanden darin oder schwangen sich die Außenleiter hinauf auf das Zugdach, sobald der Zug an Geschwindigkeit gewann.

Als ich ein Gesicht entdecken konnte, das halbwegs freundlich aussah, wagte ich ein paar vorsichtige Fragen. Aber es gab nicht viele freundliche Gesichter. Männergesichter schienen sich in diesem Jahr alle sehr ähnlich zu sehen – hager, vergrämt, sorgenvoll. Ein Mann, der mir erzählte, daß er schon seit fünfzehn Jahren mit Güterzügen unterwegs sei, war recht freundlich, und er wollte sich auch gern mit uns unterhalten. Als wir ihm sagten, wir wollten nach Westen, verlangte er keine genaueren Erklärungen, was wir unter »Westen« verstanden, sondern zeigte uns einen Zug und sagte, der werde am Nachmittag nach Iowa fahren und am nächsten Morgen in Nebraska ankommen. Das klang gut, denn Nebraska liegt im Westen und ist weit genug von Chicago entfernt.

Ich erkundigte mich bei dem Mann und auch nach den Eisenbahndetektiven, den Bullen, von denen ich schon soviel gehört hatte. Waren sie wirklich so brutal, wie manche Zeitungsartikel behaupteten? Manchmal seien sie es wirklich, meinte der Mann, besonders wenn die Vorgesetzten ein bißchen Druck ausübten und die Detektive um ihren Posten bangen müßten. Er habe selbst schon Bullen gesehen, die Männer aus fahrenden Zügen geknüppelt hätten; aber er habe auch erlebt, wie eine Gruppe aufgeregter blinder Passagiere einen Polizisten aus dem Zug geworfen habe. Andererseits passiere es auch, daß Mitfahrer und Polizisten stundenlang beisammensäßen, plauderten oder Karten spielten, als sei alles in schönster Ordnung. Das alles käme eben darauf an, meinte er, wieviel Glück man habe.

Ich fragte auch nach den Gefahren. Ja, ja, er habe schon Jungen gesehen – Männer auch, aber hauptsächlich Jungen –, die aus Unachtsamkeit ums Leben gekommen seien. Schwere Bauholz- oder Stahlladungen verrutschten, wenn ein Zug plötzlich bremste, und dann konnten sie schon einen Menschen erdrücken. Manche Mitfahrer unterschätzten auch die Geschwindigkeit und versuchten zu spät, sich an der Leiter festzuhalten oder sich in den offenen Waggon zu schwingen. Bei solchen Unfällen würden oft Beine zermalmt.

Ich fühlte mich unbehaglich, besonders wenn ich an Joey dachte. Er war so dünn und klapprig und bei weitem nicht so aktiv wie andere Jungen seines Alters. Er war auch nicht an das Herumtoben und Turnen und Klettern gewöhnt, womit ich mich vor ein paar Jahren noch beschäftigt hatte. Dazu war er zu lange krank gewesen. Auch Howie war klein und schmächtig, aber er war ein beweglicher kleiner Bursche, der den Verkehr in Chicago und einige der schlimmsten Slums der Stadt überlebt hatte. Howie konnte es mit mir aufnehmen, da war ich ganz sicher. Nur wegen Joey machte ich mir Sorgen.

Ich entschied, daß wir nicht warten wollten, bis der Zug anfuhr. Lieber wollten wir uns einen offenen Wagen suchen und uns darin verstecken, bis wir auf dem Weg waren. Falls uns die Bullen entdeckten und aus dem Zug jagten, ehe die Reise begann, mußten wir eben einen anderen Zug finden. Ich konnte mir einfach nicht vorstellen, wie Joey einen Aufsprung wagen sollte, der selbst Männern noch gefährlich werden konnte, die seit Jahren auf fahrende Züge sprangen. Howie stimmte mir zu.

Wir fanden einen offenen Wagen. Er war mit Kalkdüngersäcken beladen und bot ziemlich gute Verstecke, das heißt Verstecke, die gut genug waren, wenn ein Eisenbahndetektiv nur oberflächlich suchte. Und das hing selbstverständlich ganz von unserem Glück ab. Wir sprangen hinein, als wir der Meinung waren, daß niemand uns beobachtete, und in der Stunde bis zur Abfahrt des Zuges kam kein Mensch auch nur in unsere Nähe. Allmählich wurden wir zuversichtlicher und fühlten uns so ruhig, als hätten wir Fahrkarten »nach Westen« gelöst.

Drei Männer sprangen in unseren Wagen, als der Zug schneller zu fahren begann, aber sie achteten nicht auf uns. Sie sahen sehr niedergeschlagen und müde aus und sprachen nicht einmal miteinander.

Ratternd verließen wir Chicago, und zwei Stunden später rollten wir an Dörfern und Bauernhäusern vorüber. Die Felder mit ihren trockenen Strohhalmen sahen im Dämmerlicht gespenstisch aus. Wir überquerten Flüsse. Die meisten waren nach der Dürre dieses Sommers fast ausgetrocknet. Schließlich hatten wir bloß noch schwarze Nacht um uns. Nur das Licht der Lokomotive, die mindestens eine Meile vor unserem Wagen war, durchbrach die Dunkelheit.

An Gesprächen fehlte es in dieser Nacht. Alle drei waren wir still und ein wenig nachdenklich. Einmal schlug Howie die Saiten seines Banjos an, doch irgendwie klangen die Akkorde traurig. Mir war, als könnte ich es nicht ertragen, sie anzuhören, und ich atmete auf, als er den Kopf schüttelte und das Banjo beiseite legte.

Joey war für das noch übrige Brot verantwortlich. Nach einiger Zeit packte er es aus, und wir zerschnitten es mit Howies Messer in drei Teile. Wir aßen sehr langsam und behielten jeden Bissen lange im Munde, um das Erlebnis, etwas zu essen, möglichst lange auszukosten. Joey war als erster fertig, und Howie gab ihm die Kruste von seinem eigenen Anteil. »Da, Joey, iß! Ich kann Brotkrusten nicht ausstehen«, log er. Es sah Howie ähnlich.

Das rhythmische Dröhnen der Räder ließ uns bald schläfrig werden. Es gab ohnehin nicht viel, worüber man reden konnte, und so lehnten wir uns gegen einen Stapel Säcke und schlossen die Augen. Plötzlich erinnerte ich mich, was der Landstreicher über schwere Ladungen gesagt hatte, die beim plötzlichen Bremsen verrutschen und einen Mitfahrer zerquetschen konnten. Ich stand auf und prüfte den Stapel über uns. Mir kam er fest wie eine Steinwand vor. Daraufhin entspannte ich mich und schlief ein.

Es war gegen Morgen, aber noch dunkel, als ein paar Eisenbahnbullen durch den Wagen kamen. Einer von ihnen stieß mir gegen das Schienbein, wenn auch nicht allzu hart. Immerhin merkte ich deutlich, daß er es ernst meinte.

»Los, Jungs, in ungefähr fünfzehn Minuten steigt ihr aus! Ihr steigt aus und bleibt draußen, und das gilt für die ganze lausige Bande!«

Einer der Männer drüben in der Ecke widersprach den Bullen heftig. Seine Worte konnte ich zwar nicht verstehen, doch der Tonfall war leicht zu deuten.

»Wir haben unsere Befehle, Kumpel, und die Eisenbahngesellschaft versteht keinen Spaß. Dieser Zug wimmelt heute nacht von blinden Passagieren. Du steigst jedenfalls aus, Bruder, und wartest auf den nächsten Güterzug, dann wirst du ja sehen, wie's weitergeht.«

Wir stiegen aus, als der Zug hielt. Abgesehen vom Dämmerlicht am Bahnsteig war es dunkel und kalt. Den ganzen Zug entlang sahen wir Männer und Jungen aus den Wagen springen oder von den Dächern klettern. Ich dachte an verängstigte Ratten, die der Gefahr aus dem Weg liefen, und der Gedanke gefiel mir nicht, daß ich auch eine dieser Ratten war.

Ich hielt Joey fest, als er vom Wagen sprang. Er sah noch ganz verschlafen und verkrampft aus, weil er so zusammengekauert gesessen hatte, und er war benommen von allem, was um ihn geschah. Howie fluchte leise vor sich hin, hielt in der einen Hand sein Banjo und führte Joey mit der anderen.

Rings um uns war Lärm; der Lärm des keuchenden Güterzuges, der Lärm der schreienden und fluchenden zornigen Männer an den Geleisen. Plötzlich wurde uns ein anderes Geräusch bewußt, ein anschwellendes Geheul aus der Stadt jenseits der Geleise. Wir blieben stehen und lauschten, und durch die fast völlige Dunkelheit sahen wir etwas auf uns zukommen, was wie eine Menschenmauer aussah. Die Männer trugen Knüppel und Heugabeln bei sich, und je näher sie uns kamen, desto deutlicher hörten wir die Wildheit in ihren Stimmen.

»Keinen Schritt weiter in dieser Richtung!« brüllte ein mächtiger Mann und trat vor die anderen. »Eure leeren Bäuche könnt ihr gefälligst in irgendeine andere Ecke des Landes schleppen. Wir haben hier schon genug von eurer Sorte durchzufüttern. Noch einen Schritt, dann knüppeln wir euch nieder wie räudige Hunde!«

Von unserer Seite erklangen spöttische und wütende Zurufe. Ein Mann schrie: »Was sollen wir denn tun? Uns unter den Zug werfen?«

Ihm antwortete ein lauter Chor: »Ja! Genau das! Tut es doch!«

Es war wie in einem Horrortraum. Mir schoß der Gedanke durch den Kopf: »Joey muß das alles mit anhören! Er ist erst zehn, und jetzt muß er so etwas hören!«

Aus der Menge tauchte plötzlich der Landstreicher vom Güterbahnhof in Chicago neben uns auf. »Ihr Jungs bleibt bei mir! Wir springen auf den Zug, sobald er wieder anfährt. Sonst können wir gar nichts tun. Dem Kleinen helfe ich, und ihr zwei bleibt in der Nähe!«

Und so warteten wir. Mir kam die Zeit sehr lange vor, doch endlich hörten wir das Pfeifsignal, und der Zug setzte sich in Bewegung. Männer liefen nebenher und warteten auf den richtigen Augenblick zum Absprung. Ich glaube, die Eisenbahndetektive hatten es aufgegeben; sie konnten Menschen nicht zu Tode prügeln, weil sie auf eine weitere Stunde kostenloser Fahrt aus waren.

Der Landstreicher hob Joey an wie einen Sack Mehl und stieß ihn in einen leeren Waggon. Dann schrie er Howie und mir zu: »Bleibt in der Nähe, ganz dicht! In der anderen Richtung kommt ein Schnellzug!«

Er kam wirklich, obwohl ich ihn in meiner Aufregung gar nicht bemerkt hatte. Seine Lichter kamen auf dem parallelen Schienenstrang auf uns zu und waren blendend hell. Ich packte den Boden des Waggons und schwang mich hinein. Es war gar nicht schwierig, denn der Güterzug bewegte sich noch sehr langsam.

Howie war gleich hinter mir, und ich verschaffte mir sicheren Halt, um ihm nachzuhelfen. Aber er sprang nicht, wie ich es erwartet hatte. Er schrie: »Hier, nimm mein Banjo, Josh!« Und als ich die Arme ausstreckte, beugte er sich ein wenig zurück und warf das Banjo zu mir hinauf. Was dann geschah, weiß ich nicht. Ich werde es niemals wissen. Aber kaum hatte das Banjo meine Hände berührt, sah ich, wie der Schnellzug

Howie erfaßte und auf die Schienen schleuderte wie eine leere Kiste, wie ein wertloses Stück Abfall.

Ich hatte das jähe Gefühl, daß ich ihm nachspringen müsse; mir war, als müßte ich sterben, wenn ich nicht zu Howie konnte. Ich hörte Joey aufschreien und einen Mann rufen: »Haltet den Jungen! Er will abspringen!« Dann war es, als packten mich ein Dutzend Arme zugleich und schleuderten mich gegen die Wand des Waggons. Danach wußte ich lange gar nichts mehr.

3

Joey und ich verließen den Zug am Spätnachmittag. Die Bullen hatten sich beruhigt, nachdem die Nachricht von dem Unfall durch den Zug gelaufen war, nehme ich an; wenigstens sahen wir in dem Waggon, in dem Joey und ich saßen, nichts mehr von ihnen. Wir verließen den Zug aus eigenem Entschluß; nichts wünschten wir sehnlicher, als diesen Schauplatz der Tragödie so bald wie möglich hinter uns zu lassen.

Die Stadt, in der wir hielten, war sehr klein, und niemand am Güterschuppen schenkte uns auch nur die geringste Aufmerksamkeit. Joeys Gesicht war von Tränen verquollen, und meine Beine zitterten, daß ich kaum laufen konnte. Wir waren hungrig, doch die Betäubung der Trauer hatte meinen Mut vertrieben. Ich konnte es nicht über mich bringen, mich einer feindseligen Antwort auszusetzen, indem ich einen Menschen um etwas zu essen bat. Nach einer Arbeit zu fragen, hätte ich wohl auch nicht gewagt. An jenem Abend hätte ich auch auf dem besten Konzertflügel des Landes nicht spielen können; ich hätte es nicht fertiggebracht, Holz zu hacken, Bauholz zu stapeln oder sonst irgendeine Arbeit zu tun, wenn sich mir die Möglichkeit dazu geboten hätte. Ein paarmal stolperte ich, als wir den Zug verließen, und ich packte Joeys Schulter, um daran Halt zu suchen. Erst gingen wir ein Stück am Bahndamm entlang, dann setzten wir uns, um einen Plan für die Nacht zu fassen.

Einer der Männer, die aus dem Zug gestiegen waren, blieb neben uns stehen. Er war gemeinsam mit einigen anderen in den kleinen Laden am Güterschuppen gegangen und hatte dort offensichtlich ein paar Lebensmittel gekauft. Jetzt trug er ein halbes Dutzend Büchsen in den Armen.

»Einige von uns wollen ein Stückchen weiter drunten abkochen«, sagte er. »Wenn ihr mitkommen wollt, denke ich schon, daß wir etwas zu essen für euch übrig haben.«

Es war heller Wahnsinn, eine Mahlzeit abzulehnen, doch als ich Joey fragend ansah, schüttelte er den Kopf. Ich empfand wie er. Für einen Abend mit Fremden waren wir in einem zu tiefen Schockzustand; wir wollten uns mit unserem Schmerz verkriechen und allein damit fertig werden.

Ich dankte dem Mann und sagte ihm, wir müßten uns auf den Weg machen.

»Wohin wollt ihr?« erkundigte er sich.

Es war eine vernünftige Frage, doch ich wußte keine Antwort.

Ich sah ihn nur an und schüttelte den Kopf.

»Das habe ich mir gedacht«, sagte er. Dann nahm er eine Büchse Bohnen und ließ sie neben Joey zu Boden fallen. »Viel Glück, Kinder! Von jetzt an solltet ihr lieber per Anhalter weiterreisen. Nach diesem Erlebnis taugt ihr nichts mehr für die Güterzüge. Und wenn ihr meinen Rat hören wollt, dann solltet ihr lieber nach Hause zu euren Eltern trampen, wenn ihr noch welche habt.«

Er ging an den Schienen entlang davon, ohne sich noch ein einziges Mal umzusehen. Joey und ich saßen da und sahen ihm nach, bis er verschwunden war. Dann standen wir auf, verließen den Bahndamm, gingen quer durch die Felder. Wir gingen stumm, aber wir hielten uns fest bei den Händen. Niemals war Joey für mich so wertvoll gewesen wie an diesem Abend beim Weg quer über fremde Felder. Immer wieder mußte ich denken: »Jetzt sind wir nur noch zwei; nur Joey und ich. Gewöhne dich daran, denn Howie gibt es nicht mehr. Wir sind nur noch zwei.«

Endlich kamen wir an eine schmale Schlucht, die das Feld durchschnitt, und an einen Steg, der das ausgetrocknete Bachbett überquerte. Auf dem Grund hatte sich ein dicker Grasteppich gebildet. Hier waren wir vor dem kalten Wind geschützt, der stärker wehte als in der vergangenen Nacht in Chicago.

Wir legten unsere Kleider und Decken und Howies Banjo auf einen Laubhaufen und setzten uns zum Ausruhen nieder. Inzwischen wurde es vollends dunkel, und die Stille über dem Feld schien unendlich und entsetzlich einsam. Und dann – es war weit schlimmer als die Stille – klang aus der Ferne das Pfeifen eines Zuges zu uns herüber, und wir hörten ratternde Wagen. Schmerz durchfuhr mich. Ich fragte mich, ob ich wohl jemals wieder das Geräusch eines Zuges hören konnte, ohne erneut den Schmerz um Howie zu empfinden.

In dieser Nacht unter dem Steg weinten Joey und ich gemeinsam. Es war das erstemal, daß ich weinte, seit ich ein kleiner Junge gewesen war. In mir war immer ein Trotz gewesen, der mir Tränen verbot, so sehr mich auch etwas schmerzen mochte. Aber das galt nicht in jener Nacht im ausgetrockneten Bachbett.

Endlich zwang ich mich dazu, der Situation ins Auge zu sehen. Ich öffnete mit dem Messer die Bohnenbüchse und teilte den Inhalt zwischen uns auf. »Jetzt essen wir erst einmal, Joey, und dann müssen wir alles genau überlegen.«

Nachdem wir gegessen hatten, fühlten wir uns wesentlich besser. Das Geschenk des Tramps gab uns ein wenig von der Energie zurück, die Müdigkeit und Entsetzen uns genommen hatten. Wir lehnten uns an die Uferböschung und redeten miteinander.

»Möchtest du lieber nach Hause, Joey?« fragte ich. »Wenn du das willst, dann trampe ich mit dir zurück und gehe anschließend allein wieder los.«

»Aber du würdest nicht nach Hause gehen, auch wenn wir wieder in Chicago wären, nicht wahr?« fragte Joey zurück.

Ich mußte an Vaters Gesicht und an seinen Zorn denken. Ich malte mir aus, wie er über meine kurze Flucht triumphieren würde. Ich erinnerte mich, daß auch Mutter gesagt hatte, daß es wohl am besten wäre, wenn ich fortginge.

»Ich glaube, ich würde lieber verhungern. Natürlich möchte ich nicht verhungern, aber das wäre immer noch besser, als nach Hause zu gehen. Mit dir würden sie nicht schimpfen, Joey. Sie wären froh, wenn sie dich wiederhätten. Aber ich . . . Ich glaube, ich schlage mich lieber allein durch.«

Joey nickte. »Und ich glaube, ich bleibe lieber bei dir, Josh.«

Ich sagte ihm nicht, wie froh ich darüber war, aber ich war es; ich war tief dankbar glücklich, als ich sagte: »Es wird für uns schwerer sein, Arbeit zu finden, ohne . . . ohne Howie. Es wird bestimmt schwer. Aber vielleicht . . .«

Es gab noch ein Vielleicht, eine schmächtige Hoffnung. Noch vor vierundzwanzig Stunden waren wir so sicher und so selbstbewußt gewesen. Die Zukunft hatte gut ausgesehen, als wir zu dritt unter der Hochbahntreppe saßen und lachten.

Wir schliefen eine Weile. Für mich war es ein unruhiger, gestörter Schlaf. In der Nacht wurde es kalt, und gegen Morgen weckte uns ein eisiger Regen, der ins Gesicht peitschte. Ich packte eine zusätzliche Jacke für Joey aus und half ihm, die Steifheit seiner Arme soweit zu überwinden, daß er die Jacke anziehen konnte.

Wir sammelten unsere Habe auf und trotteten durch das nasse Gras, hungrig und noch immer von der Trauer betäubt. Ich wollte eine Stadt erreichen, irgendeinen Ort, an dem es vielleicht eine Suppenküche gab und die Chance, Arbeit zu finden. Die Erinnerung an die Armee von Männern, die erst vor wenigen Stunden auf uns zumarschiert war, ließ jedoch meine Hoffnung in Verzweiflung umschlagen. Ich fragte mich, ob es überhaupt einen Ort auf der Welt gab, an dem Joey und ich willkommen waren.

Nur eine Chance, dachte ich, nur eine einzige Chance, einen Graben ausheben, eine Abfallgrube säubern dürfen. Es mußte ja nicht Klavierspiel sein – nur eine Chance, genug Geld zu verdienen, um ein Frühstück für zwei kaufen zu können.

Einen Ort fanden wir an diesem Morgen nicht, doch gegen Mittag kamen wir an ein halbverfallenes Bauernhaus. Etwas Schäbigeres hatte ich selbst in den Slums, in denen Howie gewohnt hatte, noch nie gesehen. Auf dem festgestampften Lehmboden ringsum häufte sich allerlei Abfall: faulende Bretter, zerbrochenes Geschirr, weggeworfenes Spielzeug, kaputte Stühle und andere Möbelstücke. Das einzige Lebenszeichen war ein weißer Hahn, der uns einige Zeit gleichgültig musterte und dann auf seinen langen gelben Beinen davonlief. Mir kam es vor, als hätten Menschen, die ebenso arm waren wie wir, dieses Haus verlassen. Vielleicht machten sie beim Aufbruch große Pläne und redeten sich ein, sie könnten es schaffen.

Wir gingen hinein und sahen uns um. Da war nichts da. Nichts außer einem alten, rostigen Küchenherd, und der bot einen willkommenen Anblick.

Auf dem Hof sammelten wir Holz und altes Papier, und gleich darauf brannte ein Feuer, das unsere Körper wärmte und unsere Herzen aufmunterte. Joey umarmte den Herd förmlich, während seine Kleider trockneten. Allmählich wich die blaue Farbe aus seinen Lippen, und er lächelte mir zu. »Das riecht großartig, nicht wahr, Josh?« fragte er und deutete auf die Rauchwolken, die sich über die Herdringen zusammenballten. Er hatte recht. Der Geruch war freundlich und warm. Er war wie ein Trost, der den Schmerz um Howie linderte.

Nach einiger Zeit ging ich hinaus. Vielleicht gab es hier einen Garten, und es konnte doch sein, daß sich dort noch ein vergessener Haufen Kartoffeln fand oder eine Rübe oder zwei. Sehr wahrscheinlich hatten hier den Sommer über Menschen gewohnt, denn der Hahn trieb sich noch hier herum. Endlich fand ich tatsächlich ein eingezäuntes Stückchen Boden, das einmal ein Garten gewesen war, doch darin hatte man nichts Eßbares übersehen. Nur noch Unkraut. Wer auch immer hier gehaust haben mochte, hatte alles Genießbare sorgfältig abgegrast. Alles war weg – fiel mir plötzlich ein – bis auf den weißen Hahn.

Er war neugierig, dieser alte Bursche. Inzwischen war er in den Garten gekommen und beäugte mich vorsichtig, als spüre er, daß Gefahr in der Luft lag. Und tatsächlich bestand für ihn eine sehr unmittelbare Gefahr, denn in mir entstand die verlokkende Vision eines Abendessens aus Hühnerfleisch.

Ich sprang auf ihn zu, und er rannte um sein Leben. Keiner von uns beiden fühlte sich besonders gut in Form, aber beide waren wir verzweifelt. Mehrmals umrundeten wir das Haus in all der Geschwindigkeit, die wir zuwege bringen konnten. Endlich kam der Hahn in wirren Drahtknäueln, die jemand über den Zaun geworfen hatte, zum Stillstand. Dort fing ich ihn und war beglückt bei der Vorstellung, daß Joey und ich für die nächsten Mahlzeiten versorgt waren.

Es dauerte lange, bis wir unseren Hahn zum Kochen vorbereitet hatten. Wir fanden einen alten Eimer, in dem wir das Wasser erhitzten, damit sich die Federn leichter rupfen ließen. Derselbe Eimer mußte dann ausgewaschen auch als Kochkessel dienen, als wir die Federn endlich zu unserer Zufriedenheit entfernt hatten. Solange ich arbeitete, durchsuchte Joey das Gerümpel vor dem Haus und fand eine gesprungene Porzellantasse und einen wahren Schatz in Gestalt eines alten Salzstreuers mit einer grauverklebten Salzmasse auf dem Boden. Das Salz lösten wir in heißem Wasser auf und bewahrten die Flüssigkeit auf, um damit unseren Hahn zu würzen, wenn er erst fertig war.

Der Hahn erwies sich als eines der zähesten Tiere, die je enthauptet worden sind. Wir kochten ihn den Rest des Tages, prüften von Zeit zu Zeit mit dem Messer, um jedesmal festzustellen, daß das Fleisch in der Abenddämmerung noch so zäh und unnachgiebig war wie zur Mittagszeit.

Immerhin schmeckte die Brühe sehr gut. Wir tranken sie abwechselnd aus der gesprungenen Tasse; und wenn es auch nicht gerade die beste Suppe war, die wir im Leben gegessen hatten, war sie doch wieder gar nicht so übel. Nach einigen Stunden Kochzeit wurde wenigstens die Leber weich, und unser Hahn besaß eine bemerkenswert feine Leber. Ich ließ sie

Joey verspeisen, während ich hoffnungsvoll darauf wartete, daß auch das übrige Fleisch endlich fertig wurde.

Wir genossen unsere Mahlzeit, so armselig sie auch war, und als selbst an diesem Abend ein kalter Regen gegen das Fenster klatschte, erfuhren wir, welch wunderbare Sicherheit ein Dach über dem Kopf und ein Feuer im Herd geben können. Freilich war es nicht unser Dach, und ich rechnete damit, daß jeden Augenblick jemand auftauchen und uns aus dem Hause weisen konnte. Aber damit mußte man fertig werden, wenn es dazu kam. In diesem Augenblick, in dem die Dunkelheit sich verdichtete und die Stille der umliegenden Felder uns umgab, überließ ich mich ganz dem Behagen, das aus der Wärme des Feuers quoll und aus unserem Lager mit zusammengerollten Jacken als Kopfkissen.

Joey war schon bald eingeschlafen. Ich lag noch lange wach und beobachtete die tanzenden Schatten, die das Herdfeuer gegen die Decke warf. Es kam mir vor, als wäre ich in diesem Volk hungernder Menschen fast so klein und hilflos wie Joey. Ich wußte genau, daß er und ich genau so jäh ausgelöscht werden konnten wie Howie, und daß nur sehr wenige Menschen es jemals erfahren oder sich etwas daraus machen würden. Ich wußte aber auch, daß Joey und ich die Tage, die vor uns lagen, gemeinsam in Angriff nehmen mußten. Howie hatten wir verloren, und dieser Schock steckte noch in uns. Das Wissen, daß wir ohne ihn wie verkrüppelt waren, weckte Furcht. Aber wir wollten trotzdem nicht heimgehen und das essen, was Mutter in tagelanger Bügelarbeit verdiente; ich wollte nicht das essen, was Vater mir Bissen für Bissen in den Mund zählte.

Eine Zeitlang saß ich da und sah auf meinen schlafenden Bruder hinunter. Ich wunderte mich, daß ich immer diese herablassende Gleichgültigkeit ihm gegenüber empfunden hatte. In dieser Nacht wußte ich, daß der kleine Junge auf dem Behelfslager das einzige war, was ich auf der Welt besaß, und daß er allein mir das Gefühl gab, der Menschheit anzugehören. Ich beugte mich nieder, wie ich es in der letzten Nacht daheim getan hatte, und legte ihm die Decke hinter die Schultern; er rührte sich ein wenig im Schlaf, rückte näher zu mir; und als ich endlich einschlief, fühlte ich mich durch Joeys Gegenwart getröstet.

Am nächsten Morgen wärmten wir zum Frühstück wieder Hühnerbrühe auf, und während wir abwechselnd aus der Tasse tranken, sah ich einen Mann und eine Frau auf das Haus zukommen. Als ich zur Tür ging, bereitete ich mich auf Ärger vor. Joey stand dicht neben mir.

»Ihr habt euch häuslich eingerichtet, wie ich sehe«, sagte der Mann, als er auf der Schwelle stand. »Wie viele seid ihr denn?«

»Nur wir zwei. Ich heiße Josh Grondowski, das hier ist mein Bruder. Wir waren ganz durchnäßt und halb erfroren, darum haben wir die Nacht hier verbracht. Aber kaputtgemacht haben wir nichts.«

Die Frau sagte: »Es sind ja nur zwei Jungen, Ben, nur zwei Kinder.«

Sie lächelte uns an. Ich weiß nicht, ob ich zurücklächelte, aber Joey tat es bestimmt und zwar mit seinem freundlichsten Lächeln. Es war deutlich zu sehen, daß ihn die Frau vom ersten Augenblick an mochte.

Der Mann war nicht so schnell freundlich zu stimmen. »Ausreißer, nehme ich an?«

Ich zuckte mit den Schultern. »Zu Hause gab es nicht genug zu essen. Wir wollen zu unserem Großvater in Montana. Er hat uns eingeladen.« Diese Lüge mit einem Großvater schien mir ganz nützlich zu sein, falls der Mann uns Schwierigkeiten bereiten wollte. Aber ich zweifelte, ob er überhaupt richtig zuhörte. Er sah ganz so aus, als hätte er zuviel eigene Sorgen, um sich darum zu kümmern, ob zwei Kinder Ausreißer waren oder nicht.

»Na, da kann ich mir aber vorstellen, daß der alte Mann richtig glücklich sein wird. Heutzutage bedeutet es für die meisten von uns eine wahre Freude, wenn man zwei Mäuler mehr zu stopfen hat«, sagte er bitter. »Und wovon wollt ihr leben, bis ihr dort seid?«

»Ich spiele ziemlich gut Klavier. Ich habe gehofft, ich könnte vielleicht gelegentlich eine Arbeit finden – ich spiele nämlich wirklich gut, wissen Sie«, antwortete ich besorgt und unsicher. Das Gesicht des Mannes überzeugte mich, daß ich etwas sehr Lächerliches gesagt hatte.

»So, so, du suchst also einen Job als Klavierspieler?«

»Ja, das hatte ich wenigstens gehofft«, sagte ich kleinlaut.

»Dann laß dir etwas sagen, Jungchen. Die Chance, einen solchen Job zu finden, ist ungefähr so groß wie die Aussicht, im Höllenfeuer einen harten Schneeball aufzutreiben. Tatsächlich hast du ungefähr soviel Chancen wie dieser Schneeball, einen Job zu finden.«

Ich antwortete nicht. Der Mann gab mir zu verstehen, daß alle meine Befürchtungen nur zu berechtigt waren. Seine Worte waren schwer hinzunehmen, doch ich wußte, daß er recht hatte. Wahrscheinlich war ihm diese Art von Ehrlichkeit ebenso unlieb wie mir.

»Woher kommt ihr?« fragte er nach einem Weilchen.

»Chicago«, antwortete ich. »In diese Gegend sind wir erst vorgestern abend gekommen.«

»Dann seht zu, daß ihr zu eurem Großvater oder zurück nach Chicago kommt, je nachdem, was näher ist. Hier seid ihr in einer ganz verzweifelten Gegend. Wir sind fertig. Völlig fertig. Dieses Haus und dieser Herd gehören mir. Die Mieter sind letzte Woche ausgezogen, und das alles hier ist keine dreißig Cent mehr wert, selbst wenn ich den Herd dazugebe.«

»Wir waren jedenfalls froh, daß wir letzte Nacht hier schlafen konnten«, sagte ich.

»Hattet ihr etwas zu essen?« fragte die Frau. Ihre Augen waren freundlich, als sie Joey ansah.

Ich wußte zwar, daß es wegen des Hahns Ärger geben konnte, aber den mußte ich wohl auf mich nehmen. »Wir haben einen Hahn gefunden und gekocht«, gestand ich. »Er gehörte hoffentlich nicht Ihnen, Madam?«

Sie schüttelte den Kopf. »Nein, wir haben das meiste von dem verkauft, was uns gehörte. Unsere letzten Hühner habe ich geschlachtet und eingekocht. Es lohnt nicht mehr, Hühner zu halten. Die Eier sind heutzutage das Benzin nicht mehr wert, um sie in die Stadt zu bringen. Nein, nein, es wird wohl eins von den Hühnern sein, die unsere Mieter zurückgelassen haben. Und dann war es bestimmt ein ziemlich mittelalterliches, da halte ich jede Wette.«

Ich zeigte ihr unser gekochtes Hähnchen, und sie prüfte es mit dem Finger. »Ich werde ihn durch den Fleischwolf drehen«, sagte sie. »Das hilft zwar auch nicht viel, aber ein bißchen Nährwert steckt wohl doch noch drin. Ihr zwei könnt dann auch zum Essen kommen.«

»Josie!« sagte der Mann streng.

»Wir können ihnen doch wenigstens *eine* Mahlzeit geben, Ben. Du hast recht, wenn du ihnen sagst, daß sie wieder zu ihren Eltern gehen sollen, aber wir geben ihnen jedenfalls *eine* Mahlzeit. Ein paar Biskuits und irgend etwas, was ich vielleicht noch aus dem Hahn machen kann. Ich glaube, wir können immer noch eine Mahlzeit mit zwei Kindern teilen.«

»Vielleicht sollten wir lieber nicht«, sagte ich. »Joey und ich möchten Ihnen nichts wegessen, was Sie selber brauchen.«

Der Mann antwortete: »Nein, nein, kommt ruhig mit. Wegen ein paar Bissen wird es mit uns auch nicht schneller bergab gehen, als es ohnehin schon geht. Es ist nur so, daß Josie gern jeden hungrigen Menschen füttern möchte, der an die Tür klopft. Das muß aufhören. Aber sie hat ganz recht. Mit zwei Jungens können wir immer noch teilen.«

Also gingen wir mit ihnen die Straße hinauf zu ihrer Wohnung, die auch nicht viel besser war als die, die wir gerade verlassen hatten, wenn man davon absieht, daß in ihrem Hause noch ein paar Möbel standen. Auf dem Fußboden des Wohnzimmers lag ein schäbiger Teppich, ein paar Stühle standen dort, ein gebrechlich wirkender Tisch, auf dem alte Zeitungen und ein paar vergilbte Fotos lagen. An der Wand hing ein kleines gerahmtes Bild mit Vögeln und Blumen und dem Namen einer Stadt in Nebraska mit goldenen Lettern. Außerdem sahen wir noch ein Bild des Präsidentschaftskandidaten Franklin Roosevelt, das aus einer Zeitung ausgeschnitten und mit

Reißzwecken unter einer altmodischen Uhr angebracht worden war.

Die Frau ging sofort in die Küche und fing an, ein Essen zu richten. Joey und ich saßen im Wohnzimmer und hörten dem Mann zu, der unaufhörlich über die schweren Zeiten sprach, die wir gerade erlebten, und über die schwereren, die uns vielleicht noch bevorstanden.

Mit dem Finger deutete er auf den Zeitungsausschnitt an der Wand. »Dieser Mann da – meine Frau Josie hält etwas von dem, was er sagt. Ich nicht. Vielleicht hat er tatsächlich ein paar neue Ideen, aber wahrscheinlich ist das auch alles nur Geschwätz. Die Dinge haben sich schon viel zu weit entwickelt. Ich glaube nicht, daß er oder sonst irgend jemand noch etwas dagegen tun kann. Wir sind fertig! Am besten wäre es, wenn wir einfach aufgäben und . . .«

»Ben«, rief die Frau aus der Küche, »das sind doch noch Kinder! Kannst du nicht über etwas Lustigeres sprechen? Wenn wir nur dauernd über die Zeiten klagen, kommen wir auch nicht weiter.«

Falls er es gehört hatte, achtete er jedenfalls nicht darauf. »Das letzte Schwein, das ich zum Markt gebracht habe, war ziemlich groß«, fuhr er fort, als hätte die Frau gar nichts gesagt. »Über zweieinhalb Zentner hat es gewogen. Und wißt ihr, was ich dafür gekriegt habe? Nach der Fracht und der Gebühr für den Viehmarkt genau achtundneunzig Cent. Genau das habe ich gekriegt, ob ihr es glaubt oder nicht. Achtundneunzig Cent! Und ich mußte das Geld annehmen. Ich mußte annehmen, was ich kriegen konnte, weil ich das Schwein nicht mehr füttern konnte, versteht ihr? In ein paar Tagen hätte ich mit einem toten Schwein dagestanden, also habe ich lieber die achtundneunzig Cent genommen.« Während er sprach, hatte er nervös mit einer zusammengefalteten Zeitung gespielt, jetzt warf er sie wie angeekelt auf den Tisch. »Das ist das Land, in dem ihr aufwachst: ein niedergetretenes Land, das immer noch tiefer niedergetreten wird. Die Banken haben schon die Hälfte aller Bauernhöfe übernommen. In ein paar Monaten werde ich meinen auch nicht mehr halten können. Alles, wofür wir geschuftet haben, wird unter den Hammer kommen.«

Joey und ich sagten nichts. Wir wußten nicht, was wir sagen sollten. Diese verzweifelte hoffnungslose Rede erinnerte mich so sehr an meinen Vater, daß ich mich unruhig und peinlich berührt fühlte.

Allerdings glaube ich auch nicht, daß der Mann ein Wort von uns erwartete; ihm war es sogar gleichgültig, ob wir ihm zuhörten oder nicht. Er mußte einfach reden.

Gerade hatte er von vorn angefangen, über weitere Nöte dieser Zeit zu reden, als die Frau kam und unter der Tür stehenblieb. »Ben«, sagte sie ruhig, »ich möchte, daß du jetzt aufhörst und dir zum Essen die Hände wäschst. Und ihr Jungen könnt auch gut eine Schüssel Wasser vertragen. Also los, macht euch alle fertig, daß wir einen Happen essen.«

Es war eine gute Mahlzeit. Es gab viele Biskuits, und die Frau forderte uns immer wieder auf, wir sollten doch mehr zulangen. Während des Essens sorgte sie für das Gespräch, und es war deutlich zu merken, daß sie dadurch nur ihren Mann daran hindern wollte, sein Thema wiederaufzunehmen.

Als wir gegessen hatten, deutete sie auf Howies Banjo, das auf unseren Jacken lag, und fragte mich, ob ich darauf spielen könne. Ich hatte mich vor dem Augenblick gefürchtet, in dem ich diese Saiten zum erstenmal wieder hören würde, doch andererseits wußte ich auch, daß ich den Tatsachen ins Auge sehen mußte, wie sie nun einmal waren. Zwar war ich auf dem Banjo bei weitem nicht so geschickt wie Howie, doch ich brachte immerhin einige Akkorde zustande und forderte Joey auf, dazu zu singen. Für uns beide war es ein schwerer Augenblick, doch die beiden Gastgeber saßen da, hörten uns zu und freuten sich darüber. Ich bemerkte, daß das Gesicht des Mannes ruhiger und entspannter wurde, während er Joey zusah. Nach einiger Zeit legte er den Arm um die Stuhllehne seiner Frau, und seine Hand berührte ihre Schulter. Als Joey müde wurde, bedankten sie sich bei ihm, und ehe wir gingen, schenkte ihm der Mann einen Beutel mit einem halben Dutzend großer Kartoffeln.

»Davon habt ihr ein paar Mahlzeiten«, sagte er, schüttelte uns die Hände und sah zu, wie seine Frau Joey umarmte.

Dann waren wir wieder auf der Straße. Ein Bauer nahm uns ein Stück mit, ein freundlicher Mann, dessen Humor uns aufmunterte. Er half uns, die Menschenmenge in der nur wenige Meilen entfernten Stadt zu vergessen, die mit Heugabeln aus der Dunkelheit aufgetaucht war. Unsere Stimmung besserte sich während dieser Fahrt. Wir hatten eine Nacht unter einem dichten Dach hinter uns, Freundlichkeit von dem Ehepaar erfahren, das wir gerade verließen; wir besaßen einen Beutel Kartoffeln, und der Bauer erzählte uns zuversichtlich, in der nächsten Stadt fänden wir bestimmt irgendeine Arbeit. Die Zeiten seien schlecht, ja, meinte er, aber wahrscheinlich seien die Zeiten auch früher schon hin und wieder schlecht gewesen, und die Menschen hätten es doch immer irgendwie überstanden. Seiner Meinung nach würden zwei Jungen wie wir schon durchkommen, besonders wenn wir harte Arbeit und niedrigen Lohn nicht fürchteten. Es war schön, einen Menschen mit ein wenig Optimismus zu finden. Das sagte ich ihm auch, als er anhielt, um uns aussteigen zu lassen und uns den Weg in die Stadt zu zeigen.

Nachdem wir eine Meile oder auch zwei gegangen waren, beschlossen wir, nicht schon am Abend in die Stadt zu gehen. Lieber wollten wir die Nacht hier draußen lagern und erst am nächsten Morgen weitergehen, wenn wir frisch und ausgeruht waren. Tatsächlich fürchteten wir uns trotz aller Versicherungen des Bauern vor der Stadt; wenigstens galt das für mich. Sobald ich an eine Stadt dachte, hörte ich wieder die zornigen Stimmen der Menschen am Güterbahnhof. Außerdem hatte der Regen aufgehört; die Nacht war viel wärmer als die vorige. Allzu unbequem konnte eine Nacht im Walde nicht werden, und außerdem schob sie den Augenblick hinaus, in dem wir den Fremden in der Stadt gegenübertreten mußten.

An diesem Tag hatten wir schon eine gute Mahlzeit gehabt,

und es kam uns wie übertriebener Luxus vor, wenn wir uns am Abend noch gebratene Kartoffeln leisteten. Andererseits fühlten wir uns reich, da wir noch soviel zu essen hatten, und da sich der Hunger auch leise rührte, waren wir ganz zufrieden, uns einen solchen Luxus leisten zu können, wenn wir die Mahlzeit auch auf eine Kartoffel beschränkten, die wir unter uns teilen wollten, anstatt jeder eine zu essen, was uns noch viel lieber gewesen wäre.

Ich hob einen flachen Graben aus und legte ein Feuer darin an. Dann saßen Joey und ich dabei und sahen zu, wie das Feuer zu rotblauer glühender Holzkohle niederbrannte. Leise sprachen wir miteinander und warteten, daß unsere Kartoffel auch schön durchgebacken sein sollte. Als es ringsum dunkler wurde, schuf unser Feuer eine kleine Lichtinsel in der Finsternis. Gelegentlich stieg eine Rauchspirale auf, wenn Joey ein paar Zweige oder eine Handvoll Blätter auf die Glut warf.

In diesem stillen Wald und an unserem schönen Feuer fühlten wir uns völlig geborgen. Hinzu kamen der Duft unserer Kartoffel und das gute Gefühl, beieinander zu sein. Wir dachten auch dann noch nicht an irgendeine Gefahr, als wir hörten, daß jemand sich näherte; und als der Angriff tatsächlich losbrach, erfüllte er uns eher mit Verwunderung als mit Furcht.

Vier oder fünf Jungen gehörten zu der Gruppe, die plötzlich über uns herfiel. Es waren große Burschen mit struppigem Haar und rauhen Stimmen. Sie schrien uns an, doch ich verstand nur einen Teil ihrer Worte. Immerhin verstand ich genug, um zu begreifen, daß sie hungrig waren.

Joey und ich hatten bisher niemals Umgang mit solchen Banden gehabt, und so beging Joey den Fehler, sich an den Kartoffelbeutel zu klammern, als hätte er gegen diese Burschen, die schon fast Männer waren, auch nur die geringste Chance. Einer der Angreifer schlug ihn zu Boden, und als ich Joey zu Hilfe eilte, ließen alle vier oder fünf ihren Zorn an mir aus. Wahrscheinlich waren sie wütend auf jeden Menschen, der noch einen Bissen zu essen hatte, während sie selbst hungerten.

Nach ein paar Minuten verließen sie uns und nahmen Joeys Kartoffelbeutel mit und auch die gebackene Kartoffel, die sie aus der Glut geholt hatten. Sie nahmen auch unsere Decke und unsere zusätzlichen Kleider mit; und einer von ihnen nahm Howies Banjo, sah es einen Augenblick an und warf es dann aus irgendeinem unerklärlichen Grunde verächtlich auf die Erde.

Als sie fort waren, rappelten wir uns wieder auf und gingen der Landstraße zu. Joey war eher verängstigt als körperlich verletzt, aber meine Stirn blutete aus einer tiefen Platzwunde, und meine Augen waren fast zugequollen. Als wir in die Stadt kamen, schnauzte mich ein Polizist an, ich hätte mich mit anderen geprügelt. Immerhin wies er uns nicht aus der Stadt, sondern ließ uns sogar in der Arrestzelle der Polizeiwache übernachten.

4

Nach ein paar Wochen bemerkte ich, daß ich bloß noch ans Essen dachte. Selbst die Hoffnung, eine Arbeit zu finden, schrumpfte immer mehr zusammen, bis sie endlich ganz geschwunden war. Die Frage, woher die nächste Mahlzeit kommen sollte, blieb dagegen stets drängend gegenwärtig.

In den zurückliegenden Jahren hatte ich viele andere Interessen gehabt; auch noch in den schwierigen Monaten daheim. Immer bewahrte ich den Traum, einmal in einem Orchester zu spielen; ich träumte von den Klavierabenden, die ich eines Tages geben wollte, von dem Ruhm und der Anerkennung, die meine Kunst mir einbringen würde. Mit Howie plante ich manchmal, davonzulaufen und die Welt zu durchstreifen (die Taschen immer voller Geld), Sehenswürdigkeiten zu sehen, Abenteuer zu erleben und als Helden zurückzukehren. Es gab den Sport, die Schule, die Lehrer, die guten und die schlechten; es gab Bücher und gelegentlich einen Film, den wir uns stets zweimal ansahen. Es gab auch Mädchen; ihnen galt ein geheimes, aber sehr reales Interesse. Oft dachte ich über Mädchen nach, über ihre weiche Schönheit, ihre Anmut, ihre kapriziösen kleinen Eigenarten. Manchmal starrte ich auf die blonden Locken des Mädchens, das vor mir saß, und dann kam mir eine ganz neue Musik in den Sinn, eine einschmeichelnde, flüsternde Musik, die vielleicht einmal ein Junge mit dem berühmten Namen Josh Grondowski für das Mädchen spielen würde, das er liebte.

Das alles war vorbei. Jetzt gab es keine Träume, keine Hoffnungen, keine Interessen mehr. Es ging nur noch darum, genug zum Essen aufzutreiben, damit Joey und ich am Leben blieben. Manchmal bekamen wir eine Schale mit spülwasserähnlichem Gebräu in einer Suppenküche, und dazu sagte man uns: »Nur dieses eine Mal! Eine Schüssel Suppe, mehr haben wir nicht für Landstreicherkinder. Erst müssen wir für unsere eigenen sorgen.« Dann versteckten wir uns in einer Toreinfahrt, einem Eisenbahnschuppen, einem Stadtpark, und der geringe Schlaf, den ich fand, wurde von dem Problem gestört, woher ich einen Bissen zum Frühstück nehmen sollte, wie ich es anfangen sollte, genug zu finden, zu erbetteln oder zu stehlen.

Wir waren schon fast verhungert, ehe ich Zuflucht zu den Abfallkübeln nahm. Daheim hatte ich in den Zeitungen von Menschen gelesen, die das taten, ich konnte mir nicht vorstellen, daß ich mich selbst jemals dazu überwinden würde. Aber ich tat es. Ich ließ Joey in einer geschützten Toreinfahrt zurück, dann schlich ich mich in die enge Seitengasse hinter einem Restaurant. Zwei Männer und eine Frau durchwühlten die Kübel. Ratten waren auch da. Die Ratten gingen völlig schamlos vor, doch wir vier Menschen taten alles, um uns gegenseitig zu übersehen. Ich fand ein Stück gefrorenes Brot und zwei Steakknochen, an denen noch ein wenig Fleisch hing. Die Knochen wusch ich am Waschbecken in einer Bedürfnisanstalt; dann suchten Joey und ich einen geschützten Platz auf einem leeren Baugelände, zündeten ein Feuer an und wärmten unsere Nahrung. Joey aß dankbar, doch mich ließ jeder Bissen an die Abfallkübel denken, an die Ratten und an die Menschen, die sich so sehr schämten, daß sie sich nicht in die Augen sehen konnten. Ich schwor, daß ich niemals wieder auf diese Weise etwas zu essen beschaffen wollte, doch ich tat es, und ich tat es noch oft. Ich mußte es tun. Eines aber gab es, was mein Stolz nicht zuließ: Joey durfte mich bei solchen Gelegenheiten nie begleiten. Niemals!

Aber ich hatte auch einen anderen Grund zur Scham. Wenn es notwendig wurde, daß wir bettelten, wurde ich feige. Die Demütigung des Bettelns war für mich so schwer zu ertragen wie der Hunger, und sie hinterließ tiefere Narben. Und wenn ich Joey auch die Würdelosigkeit der Abfallkübel ersparte, so überließ ich ihm doch die schmachvolle Aufgabe, von Tür zu Tür zu gehen.

Joey beklagte sich nie; er fand, daß die Bettelei eher seine als meine Aufgabe sei. »Es ist viel besser, wenn ich frage, Josh. Ich bin jünger, und die Leute geben kleinen Kindern auch dann noch etwas, wenn sie größeren Burschen keinen Krümel geben würden.«

Natürlich hatte er recht. Die Menschen sahen sein schmales Gesicht mit den großen, umschatteten Augen, und schon teilten sie mit ihm, was sie besaßen. Oft sprach er ganz obenhin darüber, wie die Menschen auf ihn reagierten. »Die Frau hat geweint – ich glaube, ich habe ihr tatsächlich leid getan«, erzählte er mir eines Abends gleichgültig, während er mir das Stück Brot und den Apfel zeigte, den er bekommen hatte. Einmal schenkten sie ihm einen alten Pullover, ein andermal eine warme Mütze. Ich glaube, den Menschen fiel es schwer, Joey von der Tür zu weisen.

Das Betteln war in der Tat weit erfolgreicher, wenn Joey diese Arbeit übernahm, doch endlich wurde mir klar, daß ich mich wie ein verängstigtes Kaninchen verkroch und einen Zehnjährigen der Demütigung aussetzte, weil ich sie einfach nicht ertragen wollte. Danach übernahm auch ich meinen Anteil an der Bettelei. Es war schrecklich, und ich konnte mich niemals daran gewöhnen. Trotzdem gingen Joey und ich Abend für Abend los. Manchmal wechselten wir uns von Haus zu Haus ab, manchmal versuchten wir unser Glück auch in verschiedenen Wohnblocks.

Eines Abends kam ein Mädchen an die Küchentür, als ich anklopfte. Ich hatte das flüchtige Gefühl, daß es ein sehr schönes Mädchen war. Genau weiß ich nicht, wie sie aussah, denn nach dem ersten Blick konnte ich sie nicht mehr ansehen, sondern ich sah an ihr vorbei und murmelte: »Ich sage es nicht gern – aber ich habe Hunger.«

Ihre Stimme war angenehm. Ich hörte sie sagen: »Es ist ein Junge, der Hunger hat, Daddy. Darf ich ihm etwas geben?«

Ein großer Mann kam an die Tür und sah mich an. »Ja, Betsy, unter allen Umständen. Gib ihm etwas von unserem Braten.« Dann ging er wieder.

Bald darauf kam das Mädchen mit einem kleinen Karton. Er enthielt Essen, das wunderbar duftete. Ich hätte ihr gern in die Augen gesehen und ihr gedankt, aber ich konnte es nicht. Ich nahm den Karton und blieb noch ein paar Sekunden stehen; fühlte mich tief verletzt, weil ich zum Betteln gezwungen war, und weil ich ohne eine Spur von Selbstvertrauen vor ihr stand.

Dann sprach das Mädchen ganz leise. »Ich hoffe, daß es dir bald bessergeht. Ich schäme mich ja so, weil ich genug zu essen habe, während Jungen wie du hungern müssen.«

Ich werde niemals ihren Namen kennen, und ich werde auch niemals erfahren, ob sie wirklich so schön war wie auf den ersten Blick. Ich weiß von ihr nur eines, nämlich daß sie meinen hungrigen Magen gestillt und eine Art Balsam auf eine sehr schmerzhafte Stelle in meinem Innern geträufelt hat, die weh tat von den vielen Schlägen, die ich schon hatte einstecken müssen.

In den kalten Novemberwochen war ich oft nahe daran, alles aufzugeben. Vielleicht war es am besten, dachte ich dann, wenn Joey und ich irgendwo auf ein Feld gingen und abwarteten, bis die Kälte uns auslöschte. Aber immer wehrte sich dann doch etwas in mir. Irgend etwas schien zu sagen: »Nein, nein –

noch nicht!« Und dann fanden wir auch immer wieder etwas zu essen, wir fanden Ruhe und neuen Mut, um weiter durchzuhalten.

So war es auch an jenem Abend, als wir ein kleines Farmhaus irgendwo in Nebraska erreichten und eine sehr alte Dame uns zum Eintreten aufforderte. Sie gab uns unser Abendessen an einem kleinen Tisch in der Küche, wo ein gutes Feuer brannte und ein kupferner Kessel Dampf ausspie.

Nachdenklich sah sie zu, wie wir aßen. »Rauchst du?« fragte sie mich nach einiger Zeit.

Wäre noch etwas wie Lachen in mir gewesen, hätte ich das als einen Witz aufgefaßt. »Wenn ich Geld hätte, um Zigaretten zu kaufen, dann hätte ich etwas zu essen für uns gekauft und Sie nicht darum gebeten«, antwortete ich.

Sie nickte. »Also gut. Ihr zwei könnt über Nacht hierbleiben. Das mit dem Rauchen mußte ich fragen, weil ich mich vor Feuer fürchte. Aber ihr könnt bleiben.« Sie schwieg ein Weilchen. »Aber ich glaube, zuerst solltet ihr einmal baden, und wenn ihr im Bett liegt, werde ich eure Sachen waschen.«

Ein Bad. Ich fragte mich, ob sie überhaupt ahnte, was das für uns bedeutete. Joey und ich wuschen uns zum erstenmal, seit wir von daheim fortgegangen waren, mit Seife und heißem Wasser. Unsere Körper waren wieder sauber und frisch und fühlten sich wohl in der langen Unterwäsche, von der uns die Frau sagte, daß sie einmal ihrem Mann gehört habe. In dieser Nacht lagen wir in einem weichen Bett unter einer Lederdecke; wir stöhnten ein wenig, ehe wir einschliefen, halb vor Müdigkeit und halb vor Staunen darüber, daß etwas so bequem sein konnte. Wir weigerten uns, an den nächsten Tag zu denken.

Die Frau ließ uns fast bis zum Mittag schlafen. Dann kam sie leise herein und legte unsere frisch gewaschenen und gebügelten Kleider an das Fußende des Bettes, blieb stehen und sah auf uns herunter.

»Ihr armen kleinen Burschen wart todmüde, nicht wahr?« fragte sie. Dann zog sie die Übergardinen beiseite und ging zur

Tür. »Doch jetzt ist es besser, wenn ihr aufsteht und euch anzieht. Ich habe ein gutes Frühstück für euch. Vielleicht geben der Schlaf und das Essen euch genug Kraft, um dahin zu kommen, wohin ihr wollt.«

Sie hatte ein wunderbares Frühstück für uns: heißen Haferflockenbrei, Toast und Kakao. Als ich gegessen hatte, fühlte ich mich ganz unglaublich wohl, und ich konnte kaum glauben, wie stark sich Selbstvertrauen und Zuversicht wieder in mir meldeten.

Die Frau wollte allerlei über uns wissen. »Habt ihr Eltern?« fragte sie mich.

Sie war freundlich und gut. Ich wollte nicht gern unhöflich sein, doch ich wurde wachsam und unruhig. So lange schwieg ich, daß sie ihre Frage wiederholte. »Ja, ich denke schon«, antwortete ich dann, doch gleich darauf schämte ich mich und fügte hinzu: »Ja, wir haben Eltern.«

»Wissen sie, wo ihr seid?«

»Das glaube ich nicht.«

»Ihr seid fortgelaufen, nicht wahr?«

»Nein. Sie wußten, daß wir fortgehen wollten. Jedenfalls wußte meine Mutter, daß *ich* fortgehen wollte. Joey hat sich erst im letzten Augenblick entschlossen, mit mir zu kommen.«

»Hattet ihr Schwierigkeiten?«

»Ja. Einen zu großen Appetit.«

Sie schüttelte den Kopf und seufzte. »Sie müssen darunter leiden«, sagte sie endlich.

Ich antwortete nicht. Die Frau sah uns an und runzelte die Stirn. Nach einiger Zeit ging sie zum Tisch. Aus dem großen Schubfach nahm sie Papier, Umschläge und Briefmarken. Dann winkte sie mich an den Tisch.

»Schreib deiner Mutter«, sagte sie und legte mir die Hand auf die Schulter.

»Tut mir leid, aber das kann ich nicht«, erklärte ich.

»Du kannst doch wohl schreiben, nicht wahr? Du hast doch lesen und schreiben gelernt, oder etwa nicht?«

Ihre Frage ließ mich beinahe böse werden. Ich war ein ausgezeichneter Schüler gewesen. »Ja, selbstverständlich kann ich lesen und schreiben«, antwortete ich, »aber ich kann trotzdem nicht. Oder ich will nicht.«

»Du hast einen sehr harten Charakter, kleiner Mann«, sagte sie ruhig.

»Wahrscheinlich haben Sie recht. Ich möchte wirklich nicht gemein sein nach allem, was Sie für uns getan haben. Ich will überhaupt nicht gemein sein, wissen Sie, aber ich glaube, Sie können das gar nicht verstehen. Ich habe meinen Eltern eben einfach nichts zu sagen. Gar nichts. Wenn Joey schreiben möchte, habe ich nichts dagegen.«

Sie wandte sich an meinen Bruder. »Was meinst du dazu, Joey?«

»Ja«, sagte er. »Ich schreibe ihnen ein paar Worte. Aber ich kann nicht sagen, daß ich nach Hause komme. Josh und ich halten zusammen.«

»Das könnt ihr machen, wie ihr wollt. Aber deine Mutter schläft bestimmt ruhiger, wenn sie weiß, daß ihr noch am Leben seid.«

Joey zeigte mir, was er geschrieben hatte. Er erzählte den Eltern, daß wir in Nebraska seien, daß es uns gutgehe und daß wir sehr gut zurechtkämen. Sie sollten sich keine Sorgen machen, und er wolle versuchen, ihnen ab und zu eine Zeile zu schreiben. Das war alles. Sein Brief erzählte den Eltern nichts von dem, was wir durchmachten. Aber darin hatte die alte Frau schon recht: Sie wußten wenigstens, daß wir noch am Leben waren. Sie schenkte Joey ein paar frankierte Umschläge, und er mußte ihr versprechen, daß er schreiben werde, so oft er könne.

Voller Bedauern verließen wir am Nachmittag das kleine Haus. Wir hatten dort Sauberkeit und Ruhe und soviel nahrhaftes Essen gefunden, daß unser Appetit einmal richtig befriedigt wurde. Gern wären wir bei der alten Frau geblieben, doch wir kannten die Regeln: eine Nacht, eine Mahlzeit. Höchstens zwei Mahlzeiten. Danach mußten wir weiter. Das war verständlich. Es gab keinen Grund, warum irgendein Mensch oder irgendein Wohltätigkeitsverein sich um uns kümmern sollte. Wir waren ganz auf uns gestellt, und für Leute unseres Schlages gab es eben immer nur eine Nacht Aufenthalt, falls sie nicht zufällig ein bißchen Geld in den Taschen trugen.

Tatsächlich schienen wir in eine Glückssträhne geraten zu sein, denn wir waren kaum drei oder vier Meilen die Landstraße entlanggegangen, als uns ein Lastwagen überholte. Seine breiten Reifen summten auf dem Asphalt. Der Fahrer hob grüßend die Hand, und wir antworteten mit der Daumenbewegung der Anhalter, wenn wir auch keine große Hoffnung hatten, tatsächlich mitgenommen zu werden. Dann sahen wir, daß der große Lastwagen seine Fahrt verlangsamte und an den Straßenrand steuerte. Wir rannten ihm nach und konnten unser Glück noch gar nicht fassen.

Der Fahrer war ein schlanker, dunkelhaariger Mann mit müden Augen. Er lächelte uns zu – ein wenig vorsichtig, schien mir – und sprach mit einer fast tonlosen, trockenen Stimme: »Wohin?«

»Irgendwohin. Einfach geradeaus.«

Das schien ihn nicht zu überraschen. Es gab in diesen Zeiten viele Menschen, die ziellos unterwegs waren. »Kommt ihr hier aus der Gegend?« erkundigte er sich.

»Nein. Aus Chicago. Seit dem 1. Oktober sind wir unterwegs.«

»Keine Familie?«

»Nein, wir sind allein.«

Er schien uns ausgiebig zu studieren. Endlich sagte er: »Ich bringe meine Ladung nach New Orleans. Wollt ihr in den Süden?«

Es war ein bitterkalter Tag. Schon bei dem Gedanken an ein warmes Klima hätte ich laut jubeln können. »Würden Sie uns mitnehmen? Ich helfe Ihnen auch, so gut ich kann.«

»Habt ihr Geld?«

»Keinen Cent.« Ich vermutete, daß sich das Geschäft mit dieser Antwort zerschlug. Kein Geld für Nahrung und Unterkunft, kein Geld, um die Fahrt zu bezahlen. Ich war auf ein

»Dann ist nichts zu machen« vorbereitet, doch ich sollte eine Überraschung erleben.

»Ich bin in meinem Leben auch schon ein paarmal ohne einen Cent dagestanden; ich weiß, wie das ist. Hilf dem Kleinen! Steigt ein!«

In der Kabine war es warm, und das Fahren war eine Freude für unsere müden Beine. Nachdem er unsere Namen wußte, sah der Mann schweigend geradeaus und sagte meilenweit kein Wort mehr. Das beständig dröhnende Geräusch ermüdete Joey; er lehnte sich an meine Schulter und schlief ein. Der Mann warf ihm einmal einen Blick zu, und ich bemerkte die Andeutung eines Lächelns auf seinen Lippen.

»Der ist ziemlich jung für so etwas, findest du nicht auch?« fragte er mich und wandte mir für eine Sekunde den Blick zu.

»Ja, er ist erst zehn, aber er wollte unbedingt mitkommen.«

Danach sprach er ein Weilchen mit mir. Er fragte, wo wir schon überall gewesen seien, und wie es uns gelungen sei, bis jetzt am Leben zu bleiben. Gelegentlich pflichtete er dem, was ich sagte, mit einem Nicken bei, aber ich hatte doch den Eindruck, daß er seine Aufmerksamkeit vor allem auf die Straße und auf das Fahren richtete.

Als wir ungefähr drei Stunden gefahren waren, lenkte er den Wagen wieder an den Straßenrand. »Ich muß ein Weilchen ausruhen«, sagte er. »So lange, schnurgerade Straßen hypnotisieren einen mit der Zeit.« Als er ausstieg, kletterte ich ihm nach und ließ Joey weiterschlafen. Der Mann lehnte sich gegen das Vorderrad und drehte sich geschickt eine Zigarette, als hätte er das immer schon getan. »Was für Ärger hat's denn gegeben?« fragte er kurz, als wäre er ganz sicher, wovon er redete.

Ich nahm an, daß er den Ärger zu Hause meinte, doch ich sah ihn nur verständnislos an und schwieg.

»Du weißt genau, was ich meine. Warum seid ihr ausgerissen?«

Ich zögerte. Was sich daheim zugetragen hatte, beschämte mich. Ich war in der Überzeugung aufgewachsen, daß nur

Taugenichtse nicht genug zu essen hätten, daß nur die Menschen in heruntergekommenen Familien sich gegenseitig anschrien und den anderen das Essen neideten. Nun stammten aber Joey und ich aus einer solchen Familie. Musik, Lachen und Liebe, die einmal zu unserem Leben gehört hatten, waren hoffnungslos zerstört. Ich sah zu dem Mann auf, der vor mir stand. »Ich rede nicht gern darüber«, sagte ich leise.

»Das brauchst du auch nicht, nehme ich an, aber ehe wir zu weit kommen, will ich doch gern ein bißchen über die Jungs wissen, die ich in den Süden fahre. Ich möchte nicht gern die Polizei auf dem Hals haben, weil ich zwei Ausreißern helfe. Nun sag mal, warum hast du mir erzählt, ihr hättet keine Eltern? Das ist doch geschwindelt, nicht wahr?«

Einen Augenblick sah ich zu Boden. Dann entschloß ich mich, ihm alles zu erzählen, was sich zwischen Vater und mir zugetragen hatte, wie alles nur immer schlimmer geworden war, wie Mutter schließlich sogar auch meinte, daß es wohl besser wäre, wenn ich fortginge. Er hatte eine Art, tief zu seufzen, als sei etwas Schweres in seiner Brust. Er trat seine Zigarette aus, während er noch seufzte, und sagte nichts zu dem, was ich ihm erzählt hatte. Ich bekam den Eindruck, daß er lieber das Thema wechseln wollte.

»Wie alt bist du, Josh?« fragte er.

»Fünfzehn.«

Er nickte. »Das habe ich mir gedacht. In welchem Monat bist du geboren?«

Es kam mir seltsam vor, daß an einem kalten Wintertag, an dem die halbe Welt hungerte, dieser Mann ausgerechnet nach meinem Geburtstag fragte. Aber seine Gedanken gingen mich nichts an, und so antwortete ich, als handelte es sich um eine völlig normale Frage: »Juni. Am zwölften Juni.«

Er nahm den Hut ab und wischte sich eine schwarze Locke aus der Stirn. »Ganz nahe beieinander«, sagte er. »Mein Junge ist im selben Jahr geboren. Im April. David hieß er.«

»Ist er denn gestorben?« fragte ich, und sogleich wäre es mir lieber gewesen, wenn ich die Frage nicht gestellt hätte.

»Ja. Er ist gestorben. Vor fünf Jahren. Er war ungefähr so groß wie Joey, nur kräftiger und so braun wie ein Indianer. Wenn ich dich ansehe, kann ich mir vorstellen, wie groß er heute wäre. Na ja«, er wandte sich ab und öffnete die Tür zum Fahrerhäuschen, »wir müssen weiter. Wir haben noch eine Menge Meilen vor uns.«

Den ganzen langen Nachmittag über schwiegen alle drei still. Joey schlief viel, doch selbst wenn er wach war, saß er da, die Hände über dem alten Banjo gefaltet, und sagte nichts. Der Mann schien mit irgendwelchen Gedanken beschäftigt zu sein, und ich fühlte mich ruhig und entspannt, gab mich angenehmen Träumen vom sonnigen Süden, von einem Arbeitsplatz und von einem Ort hin, an dem das Leben ein wenig freundlicher sein könnte.

Am Spätnachmittag begann es heftig zu schneien. In der Dämmerung hielten wir vor einem kleinen Restaurant am Straßenrand. Das Licht aus den Fenstern drang kaum durch das dichte Flockengewirbel.

»Wir wollen etwas essen«, meinte der Fahrer, als wir hielten. Dann sprang er ab und streckte die Arme aus, um Joey aus dem Wagen zu helfen. Er lachte ein wenig, als er Joey durch das Haar fuhr, und in seinem ganzen Wesen lag eine Freundlichkeit, die mir Vertrauen einflößte.

Allerdings bereitete mir der Gedanke an das Essen Kopfschmerzen. »Eine alte Dame hat Joey und mir heute früh ein gutes Frühstück gegeben«, erklärte ich, »und wir kommen gut mit einer Mahlzeit am Tag aus.«

»Nein, kommt mit!« entschied er und ging auf die Tür zu.

»Aber ich habe doch keinen Cent!« Vielleicht hatte er es vergessen.

»Das hast du mir schon gesagt. Wir wollen ja auch keine Steaks essen, nur eine Suppe und ein paar Frikadellen. Kommt!«

Man kannte ihn im Restaurant. Die Kellnerin nannte ihn Lonnie, und der Mann, der in der Küche die Frikadellen briet, streckte den Kopf durch die Tür und sprach mit ihm.

»Ich sehe, du hast Freunde mitgebracht«, sagte er.

»Ja, ein paar Jungs aus Chicago. Die fahren mit mir nach Louisiana.«

Als wir am Tisch saßen und auf unser Essen warteten, sprach und scherzte er manchmal mit uns, manchmal mit dem Koch und der Kellnerin. Als Joey ihn Mister nannte, sagte er, wir sollten doch einfach Lonnie zu ihm sagen. »Meine Nichte nennt mich auch so«, sagte er. »Ich habe ihr oft genug gesagt, sie könnte ruhig ein bißchen Respekt zeigen und wenigstens Onkel vor meinen Namen setzen, aber sie ist fast vierzehn und ziemlich eigensinnig.«

Dann fragte er Joey nach dem Banjo, ob er darauf spielen könne und so weiter. Nach und nach erzählten wir ihm von Howie, von unserem Plan, eine Stellung zu finden, bei der ich Klavier spielen könnte, und bei der Joey mich vielleicht auf dem Banjo begleiten konnte, wenn er es erst besser beherrschte.

Lonnie schien daran interessiert zu sein. Während ich redete, sah er mich aufmerksam an, wie wenn er etwas überlegte. Als die Kellnerin kam und den Tisch abwischte, fragte er: »Bessie, steht eigentlich das alte Klavier noch im Nebenzimmer?« Mit dem Kopf deutete er auf den benachbarten Raum, der so etwas wie ein Speisesaal zu sein schien.

»Ja, sicher«, antwortete sie. »Bist du unter die Schrotthändler gegangen?«

»Der Junge hier sagt, daß er spielen kann. Ich möchte ihn gern hören. Ist es recht, wenn wir mal rübergehen, bis unsere Frikadellen fertig sind?«

»Komm!« Sie bedeutete mir, ihr zu folgen, und führte mich in den Nachbarraum. »Ein Steinway ist das nicht, aber du kannst es ja mal ausprobieren«, sagte sie.

Es war kalt in diesem Raum, und das Klavier war tatsächlich schon fast Schrott, wie die Kellnerin gesagt hatte. Seit ungefähr zwei Monaten hatte ich kein Klavier mehr gesehen, und dieses hier sah gar nicht so schlecht aus, auch wenn es eigentlich zum Trödler gehörte. Zuerst waren meine Finger ganz steif, und ich brauchte einige Zeit, bis ich in Schwung kam. Aber bald fühlte ich mich schon wieder ganz in Übung, als säße Howie neben mir, und als stünde Miß Crowne unter der Tür und hörte zu. Mein Selbstvertrauen kehrte zurück, und ich spielte für Lonnie und die Kellnerin, den Koch und die zwei oder drei Kunden mit aller Fertigkeit, die ich so schnell aufbringen konnte, und mit aller Begeisterung, die noch in mir steckte.

Was ich spielte, war nicht gerade große Musik, aber ihnen gefiel sie. Alle kamen in den kalten Raum, standen da und hörten zu, solange ich spielte. Sie klatschten, als ich aufhörte, und meinten einstimmig, für einen Jungen, der so gut Klavier spielen könne wie ich, müsse es doch irgendwo einen Job geben. Joey strahlte. Ich sah ihm an, daß unsere Schwierigkeiten seiner Meinung nach schon so gut wie behoben waren.

Während wir aßen, kam die Kellnerin und gab Lonnie einen Zettel mit einer Adresse. »Lonnie, dieser Mann hier, Pete Harris, ist ein Vetter von mir«, erklärte sie. »Er ist hier in Nebraska aufgewachsen, und wir sind zusammen zur Schule gegangen. Seit fünfzehn oder zwanzig Jahren ist er nun schon unten im Süden, aber wir sind immer in Verbindung geblieben. Das alles erzähle ich dir nur, weil Pete da unten in der Nähe von Baton Rouge einen Vernügungspark hat; wahrscheinlich keinen sehr großen, nehme ich an. Er ist immer knapp bei Kasse, hat er mir mal erzählt, aber ich weiß, daß er hin und wieder Klavierspieler engagiert hat. Es wäre ja immerhin möglich, daß er für den Jungen eine Stellung hätte. Kommst du vielleicht irgendwie in die Nähe von Baton Rouge?«

»Ich kann es so einrichten«, meinte Lonnie.

»Pete ist ein guter Kerl, weißt du. Er tut alles, wenn er einem armen Kerl helfen kann, den das Glück im Stich gelassen hat, das weiß ich aus eigener Erfahrung. Immer ist er ein richtiger Showman gewesen, sogar als Junge schon. Das war immer sein Leben, und er wird nie etwas anderes tun. Reich wird er dabei bestimmt nie; er ist nun einmal einer von den Menschen, die sich mehr um die anderen als um sich selbst kümmern.«

»Davon gibt's heutzutage nicht mehr viel«, meinte Lonnie nachdenklich.

»Da hast du recht. Natürlich weiß ich nicht, wie es Pete zur Zeit geht, aber eines weiß ich bestimmt: Wenn er Arbeit für den Jungen hat oder ihm eine Stelle beschaffen kann, dann tut er's.« Sie nickte mir zu. »Sag ihm, daß Bessie Jenkins dich empfohlen hat. Mir wird er gern einen Gefallen tun.«

Die Kellnerin war keine hübsche Frau, und ihre Stimme war nicht so angenehm, wie ich Frauenstimmen gern habe, aber an diesem Schneeabend kam sie mir einfach wunderbar vor. Ich versuchte ihr zu sagen, wie dankbar ich für ihr Interesse an meinem Schicksal war.

In der Nacht schliefen wir hinten auf dem Lastwagen zwischen den großen Kartons, die dort gestapelt standen, sorgfältig in die warmen Decken gehüllt, die Lonnie bei sich hatte. Kälte und Hunger hatten mich oft wach gehalten, aber in dieser Nacht vertrieb freudige Erregung den Schlaf. Stundenlang starrte ich in die Dunkelheit und versuchte mir die Zukunft auszumalen. Nichts war sehr klar – meine Zukunft war ungewiß. Aber ich verlangte wohl auch nichts weiter als die Möglichkeit des Überlebens.

Ich glaubte, daß die anderen zwei fest schliefen, doch nach einiger Zeit drang Lonnies Stimme aus der Dunkelheit auf der anderen Wagenseite. Er schien zu wissen, daß ich wach lag.

»Du verzeihst wohl nicht leicht, Josh, wie?«

Ich wußte, daß er an meinen Vater dachte. »Nein«, antwortete ich. »Ich glaube nicht.«

»Hast du selbst noch nie einen Fehler gemacht?«

»Selbstverständlich.«

»Aber irgendwie glaubst du, daß Männer keine Fehler machen dürfen? Ist das ein Vorrecht der Kinder?«

Ich antwortete nicht. Er schwieg lange, und ich glaubte schon, er werde nichts mehr sagen, und das war mir nur recht. Aber nach einer Weile sprach er wieder.

»Jeder macht Fehler. Ich habe auch einen gemacht, und der hat mich schon oft fast um den Verstand gebracht. Mein kleiner Sohn – ich habe dir gesagt, daß er vor fünf Jahren gestorben ist – das war so: Eines Nachts hat er über heftige Bauchschmerzen geklagt. Seine Mutter wollte den Arzt rufen, aber ich habe gemeint, er hätte eben einfach zuviel gegessen oder etwas erwischt, was er nicht richtig vertragen konnte. Ich habe ihm Rizinusöl gegeben. Meine Mutter hat mir das auch oft genug eingetrichtert, und danach war mir immer nach ein paar Stunden besser geworden. Aber für Davy war das nicht richtig. Er hatte eine Blinddarmentzündung, und daran ist er gestorben.«

Es war nicht leicht, Worte zu finden. Ich wollte ihm gern sagen, wie leid es mir täte, aber dabei versagte ich kläglich. Ich glaube auch nicht, daß er besonders auf das achtete, was ich sagte. Die nächsten Worte murmelte er eigentlich mehr für sich selbst. »Wenn ich heute deinem Vater begegnen würde, dann müßte ich ihm die Hand geben. Und ich würde ihm sagen: ›Bruder, ich weiß ganz genau, was du fühlst!‹«

Ich hörte, daß er sich umdrehte und das Gesicht zur Lastwagenwand kehrte. Keiner von uns beiden sprach noch ein Wort.

5

Im Laufe der Tage und der langen Abende wurde Lonnie immer mehr unser Freund. Er sprach viel über meine Chance, einen Job zu bekommen. »Wenn dieser Pete Harris keine Arbeit für dich findet, dann müssen wir eben sehen, ob wir nicht jemand anders anzapfen können. Ich kenne ein paar Leute dort unten in New Orleans, die uns vielleicht einen Tip geben können. Da unten ist man ganz scharf auf Musik, und ich glaube, die Aussichten sind gar nicht schlecht, daß wir etwas für dich finden.«

Wenn ich mir die Zeit ließ, einmal darüber nachzudenken, war ich überrascht, wie sehr ich den Zuspruch und das Vertrauen brauchte, das Lonnie uns gab. Dabei hatte ich mich selbst immer für ziemlich erwachsen gehalten; ich war stolz gewesen, daß ich es fertigbrachte, trotz aller Schwierigkeiten für Joey zu sorgen, daß ich genug zu essen auftrieb, um sein Leben und meines zu erhalten. Jetzt wurde ich mir plötzlich eines Gefühls der Geborgenheit bewußt, das ich nicht mehr empfunden hatte, seit wir von zu Hause fortgelaufen waren, und das mir auch schon manchen Monat zuvor fehlte. Es gab ein Gefühl der Sicherheit, zu wissen, daß ein Erwachsener da war, der so etwas wie eine Vaterstelle einnahm. Nicht nur der beißende Winter blieb hinter uns, so daß wir uns ganz entspannt fühlten, als wir den Schnee und den kalten Wind von Nebraska hinter uns hatten, sondern auch die Sorgen und Spannungen, die jeden wachen Augenblick vergiftet hatten, fielen von uns ab. Plötzlich hatten Joey mit seinen zehn und ich mit meinen fünfzehn Jahren wieder das Recht, Jungen zu sein. Lonnie sorgte dafür, daß wir auf unserem langen Weg durch die Kurven kamen; Lonnie übernahm die Verantwortung dafür, daß wir Pete Harris und seinen Vergnügungspark fanden; es war Lonnie, der sagte: »Toast und drei Eier, nicht zu hart, bitte. Milch für die Jungs, Kaffee für mich«, wenn wir zum Frühstück anhielten. Wir bekamen ein anständiges Frühstück, das nicht durch Bettelei im voraus verdorben war.

Allerdings war ich nicht aller Verantwortung ledig. Auf einem zerknitterten Papier vermerkte ich sorgfältig jeden Betrag, den Lonnie für uns bezahlte. Einmal fragte er mich, was ich da täte, und ich erklärte es ihm.

»Das Geld für Eier und ein paar Würstchen bringt mich nicht um, Josh«, sagte er.

»Das weiß ich. Aber ich fühle mich besser, wenn ich eine Arbeit finden und Ihnen alles zurückzahlen kann, was Sie für uns auslegen.«

Er stimmte mir zu. »Vielleicht hast du recht. Aber eilig brauchst du es damit wirklich nicht zu haben. Sorg lieber gut für den Kleinen, ehe du anfängst, mir Geld zu schicken.«

Mir gefiel es, wie er von meinen Geldsendungen sprach, als seien die Aussichten, daß ich eine Arbeit fand und Geld verdiente, wirklich so sicher. Für meinen schwankenden Optimismus war das eine kräftige Stütze.

Als wir zum ersten Mal auf warmes Wetter stießen, waren wir auf einer Straße in Texas, nahe der Grenze zu Arkansas. Lonnie kaufte Brot, Käse und eine Flasche Milch, und wir aßen mittags unter einer kleinen Baumgruppe. Joey atmete die sanfte Luft in tiefen Zügen ein; er und Lonnie liefen gemeinsam die Straße hinauf und hinunter; sie lachten und keuchten, als sie sich zum Picknick setzten, das ich inzwischen vorbereitete.

Nachdem wir gegessen hatten, übte Joey ein wenig auf dem Banjo, und Lonnie sang ein paar Lieder, die man häufig im Radio hörte. Dabei ermutigte er Joey, die richtigen Begleitakkorde zu finden. Ich hörte ihnen ein Weilchen zu, dann drehte ich mein Gesicht in das warme Gras, und da ich wohlgenährt und ausgeruht war, schlief ich bald ein.

Als ich erwachte, sprachen sie ruhig miteinander, und offenbar beschäftigten sie sich mit mir. Ich hörte Lonnie sagen: »Du hast deinen großen Bruder wohl sehr gern, wie?«

Ich glaube, Joey wurde ein bißchen verlegen. Über derlei Dinge sprachen wir sonst nicht; so etwas überließen wir lieber Kitty und Mutter.

Joey zögerte. »Ja«, sagte er dann. »Ich mag ihn. Ich liebe ihn sehr.«

»Ich habe das Gefühl, daß euer Vater in diesen Tagen viel an euch zwei denkt.«

Diesmal zögerte Joey noch länger, ehe er antwortete: »Ja, das glaube ich auch. Es war nicht leicht mit Vater, seit die Zeiten so schlecht geworden sind, und er seine Arbeit verloren hat. Aber eines kann ich Ihnen sagen: Dad ist nicht halb so schlecht, wie Josh denkt.«

So, dachte ich, Joey also auch! Mutter und Lonnie, und nun auch noch Joey. Alle mit einer weichen Stelle für diesen Stefan Grondowski. Gut und schön. Sollten sie doch ihre freundlichen Gefühle für ihn behalten; mir machte das nichts aus. Vielleicht würde ich in den nächsten Jahren verhungern; vielleicht fand ich auch einen guten Job und konnte alles tun, was ich einmal erträumte. Es gab eine lange Reihe von Vielleichts; aber eines war ganz gewiß: Nie wollte ich heimgehen und diesem Stefan Grondowski freundlich die Hand reichen; niemals wieder würde ich an seinem Tisch sitzen! Niemals! Ich merkte, daß meine Hände sich in Grasbüschel krampften, während ich dalag und der Zorn in Wellen in mir aufstieg.

Aber die Hoffnung war stärker als mein Zorn, als der Lastwagen wieder die Meilen fraß und die Luft immer wärmer, der Himmel vom Sonnenschein immer heller wurde. Wir fuhren in eine neue Welt, in eine freundlichere Welt, in der Lonnie mir helfen würde, eine Stellung zu finden, in der für mich zur Abwechslung einmal alles gutgehen würde. Ich hatte nicht die Absicht, mir diese neue Hoffnung durch Gedanken an meinen Vater verderben zu lassen.

Es dauerte gar nicht lange, bis wir in Louisiana waren und gewundenen Straßen folgten, die ganz anders aussahen als die schnurgeraden Fernstraßen im Mittelwesten. Wir fuhren an Dutzenden wunderschöner alter Pflanzerhäuser vorüber, wie ich sie bisher nur aus Filmen kannte. Wir fuhren durch ein Land voller Eichen- und Kiefernwälder, sahen Magnolien und Zypressen, die von dichten Moosteppichen behangen waren und grau und einsam aussahen. Als wir zum Abendessen in einem Restaurant saßen, hörten wir, daß sich an der Theke zwei Männer in einer fremden Sprache unterhielten.

»Das ist ein Französischgemisch«, erklärte uns Lonnie. »Akadier sind das, und in diesen Teilen des Landes werdet ihr die Sprache oft hören.«

Allmählich empfand ich ein wenig Furcht. Hier war eine freundliche, warme Welt, und sie war sehr angenehm nach dem strengen Winter, den wir gerade erst hinter uns ließen; doch es war zugleich auch eine fremde Welt mit seltsamen Bäumen und weiten Mooren und einer unverständlichen Sprache. Wahrscheinlich würde mir auch der Vergnügungspark so fremdartig vorkommen, und ich fragte mich, woher ich den Mut nehmen sollte, in einer so fremden Umgebung um Arbeit zu bitten. Und wahrscheinlich betrachtete man einen umher- streunenden Jungen nicht gerade sehr freundlich, wenn er eine Arbeit wollte, auf die vielleicht ein Dutzend einheimischer Jun- gen ebenfalls warteten. »Wir haben hier selbst Kinder, weißt du, und zuerst müssen wir uns um unsere eigenen kümmern. Was wir haben, reicht nicht für unsere und dann noch für die zugewanderten Burschen.« Um Arbeit bitten, das war fast wie betteln. Mir gefiel die Vorstellung nicht, Lonnie könnte miter- leben, wie ich abgewiesen und gedemütigt würde, wenn ich um Arbeit bat.

Lonnie mußte sich mehrmals erkundigen, aber endlich fan- den wir den Vergnügungspark, dessentwegen wir Hunderte von Meilen gefahren waren. Ein paar Meilen von Baton Rouge entfernt lag er vor uns auf einem freien Feld. Er war in vollem Betrieb. Hunderte von bunten Lampen brannten, überall herrschte Lärm vom Geschrei der Ausrufer, vom Lachen der Kinder und von der plärrenden Musik des Karussells, das inmitten des ganzen Gewirrs stand. Es gab auch ein Kettenka- russell. Ein paar Kinder waren an die Sitze geschnallt, und über ein halbes Dutzend kleiner Wagen, die schnell kreisten, senkte sich hin und wieder eine grüne Leinwand, zusammen- gefaltet wie der Balg einer Ziehharmonika. Dann sah das Karussell wie eine riesige Raupe aus. An Glücksrädern hingen billige kleine Preise, Kaugummi, Schokoladenriegel, gelegent- lich ein Vierteldollar oder mehr. Es gab Zelte, vor denen die Ausrufer lockten, man solle sich die Zukunft vorhersagen las- sen. Man lud uns ein, um eine bärtige Dame anzusehen, einen Mann mit Flossen statt Armen, einen Wilden aus dem Dschun- gel von Borneo.

Wir kamen an Schießbuden vorüber und an Ständen, an denen man Puppen gewinnen konnte oder Netze voller Süßig- keiten, wenn man eine sandgefüllte Figur umwarf.

Ein Clown auf hohen Stelzen kam auf uns zu und fiel vor Joey zu Boden. Die Umstehenden lachten, als Joey höflich ver- suchte, dem Gestürzten wieder auf die Beine zu helfen, und plötzlich sprang der Clown auf und tat, als schimpfe er mit meinem Bruder, weil der für seinen Sturz verantwortlich gewesen sei.

Wir schlurften durch die Sägespäne, mit denen der Boden bedeckt war, und betrachteten und bewunderten alles, was rund um uns war. Die ganze Szene erinnerte mich daran, wie Vater mich einmal mit zum Vergnügungspark in Chicago genommen hatte, als ich noch klein war. Diese Erinnerung stimmte mich ein Weilchen traurig, doch ich bekämpfte ein solches Gefühl mit der dickköpfigen Entschlossenheit, im Zusammenhang mit meinem Vater an nichts Gutes zu denken.

Ungefähr nach einer Stunde fanden wir endlich ein Zelt, über dem auf einer Tafel der Name Pete Harris stand. Wir gingen hinein und fanden den Mann, den wir suchten.

Er war ein kleiner, ziemlich fetter Mann und weder freundlich noch unfreundlich. Er und Lonnie sprachen eine Zeitlang miteinander, während Joey und ich in einiger Entfernung warteten und taten, als ob wir uns für die vorübergehenden Menschen interessierten. Dann rief uns Pete Harris an seinen Tisch. Er sagte uns, daß die Kellnerin, die uns seinen Namen genannt habe, tatsächlich seine Kusine sei. Er schien sie zu mögen, und ich hatte den Eindruck, daß er uns gern helfen wollte, um ihr einen Gefallen zu tun.

Offensichtlich war er aber auch besorgt. »Ich weiß nicht«, sagte er und rieb sich mit einem großen Taschentuch den Nakken. »Um die Wahrheit zu sagen, weiß ich nicht einmal genau, wie lange diese Show noch zusammenbleiben kann. Die Zeiten sind nicht gut für Vergnügungen. Die Leute geben ihr Geld nicht mehr so leicht aus; und viele haben auch gar kein Geld zum Ausgeben mehr. Ich weiß wirklich nicht, ob ich es mir leisten kann, noch jemanden zusätzlich aufzunehmen.«

Lonnie war sehr verständnisvoll. »Ich weiß«, sagte er. »In meiner Firma werden auch von Woche zu Woche mehr Fahrer entlassen. Mir kann es auch jeden Tag so gehen. Aber ich möchte den Jungen wenigstens hören, und Sie sollten auch erst einmal abwarten, wie er spielt. Letzte Woche im Restaurant bei Ihrer Kusine haben wir uns alle gewundert, was der Bengel aus einem alten Klavier herausholt, das eigentlich für den Abfallhaufen reif ist.«

Pete Harris wischte sich noch immer den Nacken und sah mich mit gerunzelter Stirn an. Dann wanderte sein Blick zu Joey, und sein Gesicht entspannte sich ein wenig. »Hallo, Kumpel«, sagte er und legte meinem Bruder den Arm um die Schultern. Er reagierte auf Joey so wie die meisten Menschen. Dann wandte er sich wieder mir zu. »Also gut, komm! Es kostet ja nichts, wenn ich dich ein bißchen spielen höre. Aber was einen Job betrifft, weiß ich wirklich nicht . . .«

Er ging voraus, und wir folgten ihm in ein Zelt, in dem zwischen aufgestapelten Stühlen ein Klavier stand. Allerlei Kostüme, offene Puderdosen, Haarnadeln, Hutschachteln und Pappkoffer lagen darauf. Ich warf einen Blick auf Lonnie und bemerkte, daß er ängstlich gespannt war. Pete Harris sah müde und skeptisch aus. Er winkte mich an das Klavier, als wolle er das Vorspielen schnell hinter sich bringen und mich bald wieder los sein.

Ich spielte ein paar volkstümliche Nummern und frischte sie mit einigen Synkopen auf. Dabei wollte ich gern lächeln und recht selbstbewußt aussehen. Mit dem rechten Fuß wippte ich im Takt, und den Oberkörper ließ ich ein wenig mit der Musik schwingen. Und dachte doch die ganze Zeit: »Gib mir eine Chance, Pete Harris! Nun los, gib mir endlich eine Chance!«

Er zog die Mundwinkel abwärts, als ich mich auf dem Stuhl umdrehte und ihn ansah. Er blickte eher Lonnie an als mich und nickte. »Der Junge ist nicht schlecht«, sagte er.

Lonnie saß rittlings auf einem Stuhl und sah ganz gelassen aus. Man hätte meinen können, daß ihn die ganze Sache nicht sonderlich interessierte, wenn ich es nicht besser gewußt hätte. »Das stimmt«, sagte er. »Josh weiß genau, wie man mit den Tasten umspringen muß. Ich habe den Eindruck, daß seine Musik vielen Leuten gefallen wird, und zwar nicht nur, weil er gut ist, sondern auch, weil sie gern einem Jungen zusehen, der so etwas kann. Es gibt nicht viele Jungen in seinem Alter, die so gut spielen . . .«

»Wenn die Zeiten besser wären, würde ich ihn sofort nehmen«, sagte Harris, »aber sie sind nun mal nicht gut. Sie sind sogar ziemlich mies.« Er sah noch einmal Joey an. »Aber ihr zwei habt wohl auch ziemlich schwere Zeiten erlebt, wie, Jungchen?«

»Ja, ziemlich mies, bis wir Lonnie begegnet sind.« Joey stand da, beide Hände in die Hosentaschen gestemmt, das Gesicht sehr nüchtern. »Aber wir können nicht erwarten, daß Lonnie weiter für uns sorgt. Schließlich sind wir nicht seine Kinder.«

Daraufhin sprach eine ganze Weile niemand etwas, und während dieser Zeit fühlte sich etwas in mir so schwer wie Blei an. Joey hatte recht. Wir waren nicht Lonnies Kinder, und wir konnten nicht noch länger essen, was er bezahlte, wir konnten ihn nicht zu unserem Vater ernennen, wenn er diese Ehre gar nicht erbeten hatte. Ich mußte mich damit abfinden: Wenn es für mich keine Arbeit im Vergnügungspark gab, dann mußten wir wieder allein über die Straßen ziehen. Ich fragte mich, wie erfolgreich man wohl in der Umgebung von Baton Rouge betteln konnte.

Und dann gab mir Pete Harris zu meiner Überraschung doch einen Job. Er sah aus wie ein Mann, der etwas gegen besseres Wissen tut und es zugleich höchst unangenehm findet. Er sagte: »Ich nehme dich, Junge. Du bist wirklich gut, und wenn du erst lernst, so gut auszurufen wie du spielst, dann kannst du eine Attraktion werden.« Er schwieg ein paar Sekunden und wandte sich an Joey. »Ich gebe deinem Bruder fünf Dollar die Woche und Verpflegung und Unterkunft für euch beide. Seid ihr damit einverstanden?«

Wir waren mehr als einverstanden. Es war wunderbar, und ein solches Angebot konnte Jungen wie uns in einen wahren Freudentaumel versetzen. Unsere Gesichter müssen unsere Freude verraten haben, doch Pete Harris sah keineswegs erfreut aus. Ich sah, wie er Lonnie die Hand schüttelte, und sein Lächeln sah dabei eher grimmig als fröhlich aus. Dann sagte er uns, wir sollten mit hinauskommen. Er wollte uns zeigen, wo wir nachts schlafen konnten.

Am nächsten Morgen würde er mich dann auf meine Arbeit vorbereiten.

Wir folgten ihm zu einem Zelt, das dort aufgeschlagen war, wo am Rande der Wiese kleine Hütten in langen Reihen standen. »Männer und Jungen schlafen hier«, erklärte uns Harris. »Ein paar haben ihre Familien in den Wohnwagen dort drüben, die meisten haben überhaupt keine Familie, oder sie haben sie wenigstens nicht dabei. Euch zwei werde ich ganz dort am Ende unterbringen. Die beiden Zwerge werden eure Nachbarn sein. Edward C. ist ein netter Kerl, Blegan ist ein Wirrkopf und geschwätzig wie eine alte Frau, aber ihr braucht ja nicht weiter auf ihn zu achten. Sie sollen euch morgen früh zeigen, in welchem Zelt gegessen wird. Dann kommt ihr dahin, wo ihr mich vorhin gefunden habt, und ich mache euch fertig für die Arbeit.« Er seufzte, als sei er müde, dann streckte er Lonnie die Hand hin. »Ich freue mich, daß ich Sie kennengelernt habe. Ich werde für die Jungen sorgen, solange ich kann. Aber, ich hab's ja schon gesagt, ich weiß wirklich nicht . . .«

Lonnie mußte uns verlassen. Er wollte die ganze Nacht durchfahren, um einen Teil der Zeit einzuholen, die er darauf verwendet hatte, den Vergnügungspark und Pete Harris für uns zu finden. Mir tat diese Verzögerung leid, und das sagte ich ihm auch, aber er meinte, es sei gar nicht so wichtig. »Ich wollte gern wissen, daß du eine Arbeit hast, ehe ich euch zurücklassen muß«, sagte er, während ich mit ihm zum Lastwagen ging. »Hier ist es zwar auch nicht gerade großartig, aber es ist immerhin ein Job. Vielleicht führt er sogar zu etwas Besserem – man kann nie wissen.«

Wir standen an die großen Räder des Lastwagens gelehnt. Dieses Auto war so etwas wie ein Zuhause geworden, und ich gab es ungern auf.

Lonnie überreichte mir einen Zettel, auf dem der Name Lon Bromer stand. Bis jetzt hatte ich seinen vollen Namen noch gar nicht gekannt. Darunter war eine Anschrift aus Omaha in Nebraska angegeben.

»Da wohne ich, wenn ich nicht unterwegs bin«, erklärte er mir. »In ein paar Wochen werde ich wieder dasein, falls ich bis dahin nicht arbeitslos bin. Wenn ich hier wieder vorbeikomme, sehe ich nach euch. Und wenn nicht, dann laßt mich einmal hören, wie ihr zurechtkommt.«

»Das tue ich, Lonnie«, versprach ich. »Ganz bestimmt.«

Er stand da und sah uns an, als wüßte er nicht recht, was er sagen sollte, und als er dann sprach, klang seine Stimme unnatürlich. »Ich werde an euch zwei denken. Und wenn ihr jemals wirklich in Schwierigkeiten geraten solltet, dann laßt es mich wissen. Ich werde euch immer helfen, so gut ich kann.«

Wir schüttelten einander die Hände, und er kletterte hinter sein Lenkrad. Als der Wagen anfuhr, winkte er uns noch einmal zu, und Joey faßte in Worte, was ich selbst insgeheim empfand. Er sagte: »Wenn ich ein kleines Kind wäre, dann würde ich jetzt heulen und hinter dem Lastwagen herrennen!«

Ich konnte überhaupt nicht viel sagen. Es kam mir auch gar nicht in den Sinn, Joey zu erklären, daß er ja tatsächlich noch ein kleiner Junge war. Irgendwie wußte ich es besser.

Nachdem Lonnie fort war, interessierte uns nichts, was es auf dem Vergnügungspark zu sehen gab. Der Tag war lang gewesen, und die harten Lager, die Pete Harris uns angewiesen hatte, kamen unseren müden Knochen sehr angenehm vor. Ich lag lange wach und versuchte mir klarzumachen, welch großes Glück ich gehabt hatte. Fünf Dollar die Woche, genug zu essen für Joey und für mich, dazu noch einen warmen Platz zum Schlafen – das war eine Glückssträhne, die wir noch vor einer Woche für ganz und gar unmöglich gehalten hätten. Es schien gar nicht so wichtig, daß dieser Vergnügungspark fremd und verwirrend war, auch nicht, daß ich ein wenig Angst bekam. Das alles war gar nicht so schlimm, redete ich mir ein, wenn man es mit der Kälte und dem Hunger verglich, die Joey und ich in Nebraska ertragen hatten. Das stimmte gewiß, doch die Furcht vor fremden Menschen war etwas ganz anderes. Erklären konnte ich es nicht, aber irgendwie hatte ich mich sicherer gefühlt, als ich noch allein mit Joey um das bloße

Überleben kämpfte, als jetzt inmitten einer Menge von Leuten, die sich abmühten, anderen Menschen Spaß zu bereiten. »Was du da denkst, ist alles unvernünftig«, sagte ich mir, während der Schlaf sich meiner bemächtigte. Ich träumte in den ersten Stunden, im Traum blieb ich mir der monotonen Karussellmusik bewußt, einer Musik, die allmählich schwächer wurde und in das monotone Summen von Lastwagenreifen auf der Straße überging.

Die Zwerge weckten uns am nächsten Morgen. Sie waren seltsame kleine Kerle mit alten Gesichtern und den Leibern von Fünfjährigen. Einer von ihnen kletterte auf Joeys Bett und ging daran, ihn mit seinen kleinen, schrumpligen Händen zu schlagen. Der andere, ein viel ruhigerer und würdigerer kleiner Mann mit einem großen Buckel, stand ein Stückchen entfernt und sah uns mit ernsthaftem Interesse an.

»Steht auf, wenn ihr Frühstück haben wollt, ihr Neuen«, quäkte der Lebhafte uns an. Er wollte unsere Namen wissen, woher wir kamen und welche Nummer wir vorführten. Seine Fragen ratterten eine nach der anderen heraus, und doch glaube ich nicht, daß ihn die Antworten tatsächlich interessierten. Immerhin ging er auf meine Erklärung ein, daß ich Klavier spiele. »Großartig!« schrie er schrill. »Pete Harris braucht einen Klavierspieler ungefähr so nötig wie wir eine neue Lohnsenkung. Pete Harris ist ein Narr, ein verrückter alter Narr, und du bist ein verrückter junger Narr. Du solltest dir lieber einen anderen Job suchen. Hier wirst du bestimmt nicht lange Klavier spielen. Unsere Einnahmen in der Tageskasse werden ja immer weniger!«

»Warum kannst du dich nicht benehmen, Blegan?« fragte der zweite kleine Mann scharf. »Pete hat nur gesagt, daß wir die beiden Jungen zum Frühstück bringen sollen. Von einem Vortrag hat er nichts gesagt.« Er streckte mir die Hand entgegen. »Mein Name ist Edward C. Kensington. Achte gar nicht weiter auf Blegan; die erste Zeit wird er ein Quälgeist sein, dann wird er sich überhaupt nicht mehr um euch kümmern. Ich habe das schon oft genug erlebt.«

Blegan war tatsächlich eine Pest; er war wie ein geschwätziger, gedankenloser Affe, und abgesehen von der Körpergröße hatte er offenbar nicht viel mit Edward C. Kensington gemein. Unaufhörlich lief er Joey nach und plagte ihn mit neugierigen Fragen. »Warum bist du denn nicht daheim bei deiner Mutti, so ein süßes kleines Kind?« fragte er.

»Ich bin Waise«, antwortete Joey kurz angebunden und überhörte sehr betont Blegans weitere Fragen. Nachdem wir uns angezogen hatten, gingen wir mit Edward C. Kensington zum Frühstück, während Blegan vor uns herlief, gelegentlich zurückkam und eine Frage stellte, die schon vor fünf Minuten beantwortet worden war.

Im Zelt saßen an langen, schmalen Tischen ungefähr fünfzig Menschen auf einfachen Holzbänken. Hier traf Blegan seine Frau, die gerade aus dem Schlafzelt der Frauen gekommen war. Sie umarmten sich ausgiebig, saßen dann eng beieinander und aßen aus derselben Schüssel, bis irgendein Streit aufkam, und ihr schriller Ärger durch das ganze Zelt zu hören war. Einige der Frühstückenden lachten, die meisten achteten überhaupt nicht auf das Paar. Wir gaben uns Mühe, sie einfach zu übersehen, doch als sie bei ihrem Streit eine Schüssel umstießen und sich ein Teil des Inhalts über uns ergoß, führte uns Edward C. Kensington ans Ende des Tisches zu ruhigeren Nachbarn.

»Wenn ihr von den beiden auch einen sehr schlechten Eindruck habt, werdet ihr hier doch eine ganze Reihe sehr angenehmer Menschen kennenlernen«, versicherte uns Edward C. Kensington. »Wir Schausteller sind wirklich keine unfreundlichen Menschen. Selbstverständlich sehen die Leute vom Zirkus sehr von oben auf uns herunter, aber das stört uns gar nicht. Einige von den besten Menschen, die ich kenne, gehören zum Jahrmarkt. Emily zum Beispiel. Ihr werdet sie bald kennenlernen. Wer von uns etwas von Qualität hält, der mag Emily.« Es klang stolz und ein bißchen pompös – aber er gefiel uns, und er bat uns, ihn Edward C. zu nennen.

»Das C bedeutet Courage, also Mut«, sagte er und lächelte

Joey an. »Oft genug waren die Schmerzen in meinem Buckel schon so groß, daß ich mich daran erinnern mußte, daß ich Courage heiße.« Er wandte sich wieder seinem Frühstück zu, und seine Stimme nahm einen sachlicheren Tonfall an. »Genug davon. Andere Menschen auf der Welt haben ebenfalls ihre Wehwehchen. Nehmt zum Beispiel den Burschen am Tisch dort drüben. Das ist Ellsworth, der Mann, der anstatt der Arme Flossen hat. Der Mann, der ihn füttert, ist Gorby, der Schwertschlucker. Sie reisen gemeinsam. Zu uns anderen sagen sie höchstens einmal ›Guten Morgen‹, sonst kein Wort. Das sind zwei sehr zurückhaltende Herren.

Und dann ist da Madame Olympia, die bärtige Dame.« Edward C. hustete diskret hinter der vorgehaltenen Hand. »Sie hat einen ziemlich bemerkenswerten Appetit. Nie reicht sie eine Platte an einen anderen weiter; sie leert alles, was gerade auf der Platte ist, auf ihren eigenen Teller. Wir machen manchmal schon unsere unfreundlichen Scherze über sie, zugegeben, aber wir lassen uns eben nicht gern eine Gelegenheit zum Lachen entgehen.«

Er häufte Joey Rührei von einer der Platten, die an unserem Tisch weitergegeben wurden, auf den Teller. »Wir essen hier gut«, erklärte er. »Pete Harris will, daß wir richtig ernährt sind. Er sorgt auch dafür, daß Emily hierher zum Essen kommt, weil er genau weiß, daß sie zu Hause doch nur hungert, damit ihre Kinder genug bekommen. Eigentlich sollte sie nicht hier essen. Leute, die außerhalb wohnen, kriegen ein bißchen Geld mehr, damit sie sich selbst verpflegen können. Ein paar von den anderen machen deswegen bissige Bemerkungen über Emily, aber Pete sorgt dafür, daß sie jeden Morgen ihr Frühstück bekommt, ob es anderen nun gefällt oder nicht. Er kümmert sich um Emily. Sie ist aber auch ein ganz besonderer Mensch.«

»Tritt Emily auch auf?« fragte ich, obwohl es mich nicht besonders interessierte. Ich hatte den Eindruck, daß Edward C. von mir erwartete, daß ich wenigstens einen kleinen Teil der Unterhaltung bestritt.

Meine Frage schien ihn zu amüsieren. »Emily ist die beliebteste Künstlerin auf dem ganzen Platz«, erklärte er uns. »Sie hält wirklich diese ganze Show zusammen. Dabei war sie gar nicht auf ein solches Leben vorbereitet. Sie hat einfach nach ihren eigenen Einfällen eine Nummer zusammengestellt, und die ist sehr gut. Ihr werdet schon sehen, bestimmt werdet ihr sie bald kennenlernen.«

Ich sagte nichts. Innerlich fühlte ich mich nervös und verängstigt, und es wäre mir lieber gewesen, wenn Edward C. uns nicht soviel über die anderen Leute am Tisch erzählt hätte. Ich hätte es gern gesehen, wenn er auch mal ein Weilchen still gewesen wäre.

Aber das war er nicht. Er wollte uns erst noch erzählen, daß einer der Männer am Tischende früher einmal Bankbeamter gewesen und jetzt für eine Schießbude verantwortlich sei, und er sei ganz froh gewesen, wenigstens diesen Job zu bekommen, als die Banken geschlossen hätten. Eine noch recht jung aussehende Frau neben ihm war Lehrerin an einer High School gewesen, doch sie hatte ihre Stellung verloren, als ihre Vorgesetzten darauf kamen, daß sie verheiratet war. Ein Arbeitsplatz pro Familie – so lautete die Regel für Lehrer; und so bediente sie jetzt das Glücksrad. Edward C. wußte nicht, was ihr Mann tat, wahrscheinlich nichts; denn er war Autoverkäufer gewesen, als die Zeiten es noch erlaubten, daß die Leute sich Autos kauften. Der Wilde aus Borneo, der mit seinem Tischnachbarn eine recht zivilisierte Unterhaltung zu führen schien, war nach Mitteilung von Edward C. nie im Leben außerhalb seines Geburtslandes Louisiana gewesen.

»Wir sind schon eine bunt zusammengewürfelte Truppe, wir Schausteller«, sagte Edward C., dann unterbrach er sich mit einem glücklichen Ausruf: »Da ist sie! Da ist Emily!« Er sprang auf die Bank und winkte zur Zeltöffnung hin. »Hier sind wir! Hier drüben, Emily!«

Sie war eine große Frau und trug ein kunterbuntes Clownkostüm mit einem weiten weißen Radkragen. Ihre Schuhe waren große, rote Lederdreiecke, und die Zehen ragten einen guten Viertelmeter über die ballonförmigen Hosen hinaus.

Sie kam gleich zu uns und gab zuerst Joey, dann mir die Hand. »Pete hat mich gebeten, euch zu begrüßen. Aber ich wußte, daß ihr in guten Händen wart, solange Edward C. bei euch ist.«

Mir schien sie die schönste Frau zu sein, die ich jemals gesehen hatte. Anfangs hätte ich sie nicht beschreiben können; ihr Haar, ihre Augen, ihr Mund, ihre weiße, glatte Haut ergaben zusammengenommen einen Eindruck von Schönheit, so wie Licht und Farbe und Schatten und Komposition ein Bild schön erscheinen lassen, ehe man auf Einzelheiten achtet. Nach einer Minute ungefähr wurde mir klar, daß ihr kurzes Haar weder rot noch golden, sondern eine Mischung aus beidem war und sich eng an ihren Kopf schmiegte. Ihre Stirn war sehr breit und glatt, ihre fast purpurfarbenen Augen wurden von langen dichten Wimpern beschattet.

Ich muß sie wohl zu lange angestarrt haben. Edward C. kicherte leise. »Warum bist du so überrascht, Josh? Hast du jemals zuvor einen schöneren Clown gesehen?«

Joey war ebenso verblüfft wie ich, doch er fand viel schneller Worte. »Ich wußte gar nicht, daß Damen auch Clowns sein können«, sagte er lächelnd. »Ich dachte immer, Damen machen sich nicht gern häßlich.«

»Das tun sie auch nicht, Joey«, antwortete Emily. »Aber auch Frauen essen gelegentlich gern etwas, und sie sorgen dafür, daß auch ihre Kinder etwas zu essen bekommen. Wenn sie also eine Gelegenheit finden, als Clown ein bißchen Geld zu verdienen, dann vergessen sie eben, daß sie eigentlich lieber schön sein möchten.« Sie bestrich einen Toast mit Butter und biß hungrig hinein. »Du mußt unbedingt meine Jungen kennenlernen«, sagte sie zu Joey. »Der älteste ist ungefähr in deinem Alter. Die anderen beiden sind acht und fünf. Manchmal vergessen sie, daß ich ihre Mutter bin. Wenn sie mich hier auf dem Platz sehen, nennen sie mich Bongo, wie all die anderen Kinder.«

»Soll ich Sie auch Bongo nennen?« fragte Joey.

»Es wäre besser. Weißt du, außerhalb des Vergnügungsparks weiß niemand, daß ich eine Frau bin. Auf dem Jahrmarkt
und im Zirkus hält man immer alle Clowns für Männer. Und
vielleicht mögen die Leute einen Clown nicht, der Emily
heißt.«

Ihre Stimme klang wunderschön, und ich mochte schöne
Stimmen bei Frauen. Sie klang wie eine kleine Glocke, fand
ich, und ich sehnte mich danach, schnell zum Klavier zu kommen, um zu versuchen, ob ich die Noten finden könnte, die
Emilys Stimme wiederzugeben vermochten. Wahrscheinlich
gelang es mir nicht, aber ich wollte es doch gern versuchen.

Edward C. sagte zu Joey: »Emily ist die größte Attraktion
hier auf dem Platz, Joey. Die Leute bringen Tag für Tag ihre
Kinder her, nur weil sie Bongo sehen wollen.«

»Und das Raupenkarussell«, warf Emily ein, »und das Ket-
tenkarussell auch. Wir drei – und ich weiß wirklich nicht, wer
davon an erster Stelle steht.« Sie wandte sich wieder mir zu.
»Du wirst vor dem Zelt mit den Mädchen ausrufen und spielen, Josh. Die Damen dort drüben am Tisch sind die Tänzerinnen. Die Show ist ein ziemlicher Betrug, mußt du wissen. Die
Leute bezahlen ihren Eintritt, um entweder schöne Frauen
oder guten Tanz zu sehen; in Wirklichkeit sehen sie dann
Frauen, die nicht mehr schön sind und obendrein nur drittklas-
sige Tänzerinnen. Es ist ein bißchen Schwindel dabei, Josh, das
geben wir zu, und manche Besucher beschweren sich auch darüber. Aber auch die Tänzerinnen müssen essen, weißt du. Sie
sind nicht sehr gut, nein, aber ich bin schließlich auch nicht der
komischste Clown der Welt. Es gibt im ganzen Vergnügungspark keine Vorführung, die wirklich Spitzenklasse wäre. Aber
Pete hält uns zusammen, und wir kommen irgendwie durch.
Wenigstens haben wir jeden Tag etwas zu essen, und darum
würden uns heutzutage schon viele Menschen beneiden.«

»Ich weiß, wie das ist, wenn man Hunger hat«, erklärte ich
nickend, »und ich bin dankbar für den Job.«

Sie legte ihre Hand auf meine, und ihre Augen waren voller

Freundlichkeit. »Ich weiß, Josh. Pete hat mir erzählt, was er von dem Lastwagenfahrer über euch erfahren hat. Pete möchte dir und Joey sehr gern helfen.«

»Er scheint ein sehr freundlicher Herr zu sein«, sagte ich. Aber ich dachte gar nicht an Pete Harris, sondern sah nur ihr Gesicht und erkannte das Mitgefühl in ihren Augen. Es war etwas an ihr, das mich alles in der Welt vergessen ließ, nur nicht die Tatsache, daß sie hier neben mir saß. Plötzlich kam mir ganz klar der Gedanke: So ist es, wenn man verliebt ist. Ich liebe einen Menschen, der freundlich und schön ist. Ich liebe einen Menschen, der ein Clown ist.

Sie sprach noch über Pete Harris, als ich mir ihrer Worte wieder bewußt wurde. »Er ist ein guter Mensch«, sagte sie. »Er hat seine Schwächen, aber er ist gut. Wenn man selbst fair ist, kann man sich auf Pete verlassen.« Sie wandte sich lächelnd dem Liliputaner zu. »Habe ich nicht recht, Edward C.?«

Er verzog den Mund zu einem rosigen Lächeln. »Du und ich, wir wissen, daß er es ist, Emily. Und die beiden Jungen werden es auch wissen, sobald sie ihn erst besser kennen.«

Emily sagte nichts mehr. Sie nahm die Gabel und fing an zu essen, was Edward C. ihr reichte. Sie blickte nicht mehr auf, bis die Tänzerinnen vorbeikamen. Eine von ihnen sprach mit Emily, die anderen sahen sie nicht einmal an. Eine Frau mit gebleichtem Haar, das sehr hart und spröde wirkte, sah mich lächelnd an. »Hallo, großer Bursche!« rief sie. Eine andere Frau warf ihr einen geringschätzigen Blick zu. »Stoß die Wiege nicht um, Florrie. Laß lieber Pete Harris und seinen Clown sich um die Kinder kümmern.«

Emilys Gesichtsausdruck veränderte sich nicht. Sie sagte: »Du wirst hier Menschen aller Art kennenlernen, Josh. Eine Zeitlang wirst du überall gut zuhören müssen, und ganz bestimmt mußt du vorsichtig sein.«

Als sie bemerkte, daß Edward C., Joey und ich unsere Mahlzeit beendet hatten, bat sie uns, noch zu warten, bis auch sie mit dem Essen fertig sei. »Pete möchte gern, daß ich dir das Haar schneide, ehe du mit der Arbeit anfängst«, erklärte sie.

»Ich bin dafür so eine Art Expertin, weißt du. Immerhin habe ich drei Rotschöpfe zu Hause, denen nur zu oft das Haar geschnitten werden muß, und dabei bin ich auf dem Gebiet ziemlich gut geworden.«

Also warteten wir, bevor wir – Edward C. an meiner Seite und Joey an Emilys Hand – in eines der Zelte gingen, wo Emily mir ein Tuch um die Schultern legte und dann mit emsig schnippelnder Schere mein Haar bearbeitete. Sie trimmte auch gleich noch Joey, da sie nun einmal dabei war, dann lehnte sie sich auf ihrem Stuhl zurück und betrachtete uns zufrieden. »Ihr habt beide wohlgeformte Köpfe. Das ist für Männer sehr wichtig; meiner Meinung nach wichtiger als Körpergröße oder breite Schultern.« Sie führte die Hände an ihr kurzgeschnittenes Haar und zog daran, als wollte sie es lockern, weil ihr die Kopfhaut zu eng würde. »Jetzt könnt ihr zu Pete gehen. Er wird euch sagen, was ihr heute zu tun habt. Ich ruhe mich hier ein wenig aus, ehe ich mich schminken muß.«

»Du bist müde, Emily; deine Augen verraten es«, sagte Edward C. freundlich.

»Ich bin immer müde, Edward C. Ich weiß gar nicht, wie ich mich benehmen würde, wenn ich mich einmal wieder richtig ausgeruht fühlte.« Sie lächelte und winkte uns zu, als warte sie ungeduldig darauf, daß wir endlich gingen.

»Emily ist überarbeitet«, erklärte uns Edward C. unterwegs. »Es ist zuviel für sie. Die Arbeit als Clown ist schon erschöpfend genug. Und daneben hat sie dann noch die drei Jungen aufzuziehen und die vielen Sorgen, was morgen und übermorgen werden soll.« Er schüttelte den Kopf. »Ich mache mir Sorgen um Emily, weil ich sie so gern habe.«

Es war ein heller, warmer Morgen, der 3. Dezember, und so herrlich wie der 3. Mai bei uns daheim. Es herrschte ein ziemliches Durcheinander, denn die Arbeiter bereiteten sich auf die Öffnung um elf Uhr vor. Schausteller richteten ihre Stände; Kästen mit Limonade, Kartons mit Zuckerwatte, ganze Ladungen von Puppen und Spielzeug wurden bereitgestellt. Männer überprüften das Triebwerk des Karussells und des Riesenrades,

Künstler gingen über den Platz, das Kostüm über dem Arm. Einige saßen vor ihren Zelten und besserten mit Nadel und Faden kleine Schäden aus, die ihre Kleidung am Vortage davongetragen hatte. Joey und ich schienen die einzigen zu sein, die sich hier nicht auskannten.

Pete Harris saß in seinem Zelt und war mit seinen Büchern beschäftigt. Er blickte auf und nickte, als wir drei eintraten. »Guten Morgen, Edward C. Ich freue mich, daß du dich um die Jungs kümmerst.« Er sah mich sehr zufrieden an. »Ich sehe, daß Emily sich ein wenig mit deinem Haar beschäftigt hat. Sieht besser aus. Viel besser. Auf Emily kann man sich verlassen. Sie kann alles, dieses Mädchen, einfach alles. Ich wünschte nur, ich könnte ihr zahlen, was sie wert ist. Aber ich kann's nicht. Die Zeiten sind ekelhaft, aber das habe ich dir wohl gestern schon erzählt, wie? Als wüßtest du das nicht selbst!«

Er gab mir eine enganliegende Hose, ein leuchtend rot-gelbes Hemd, eine karierte Weste mit einem breiten Spitzensaum. Meiner Meinung nach sah ich in dieser Ausstaffierung wie ein Narr aus, aber Pete meinte, die grellen Farben würden mir dabei helfen, die Aufmerksamkeit der Leute auf mich zu lenken.

Nachdem ich so ausgestattet war, gingen wir in das Zelt, in dem ich am Vorabend gespielt hatte. Das Klavier war inzwischen auf ein kleines Podest vor dem Zelt geschafft worden, und meine Aufgabe war es, so laut wie möglich volkstümliche Weisen zu spielen, während ich zugleich alle Vorübergehenden ansprechen und auffordern sollte, sich die Tänzerinnen anzusehen. Ich mußte behaupten, es seien die schönsten Mädchen des Landes, sie trügen die kürzesten Röcke und zeigten die gewagtesten Tänze außerhalb der Nachtlokale von Paris. Dabei sollte ich auf meinem Klavierschemel ständig in Bewegung sein und so tun, als hätte ich den größten Spaß der Welt. Ich hatte zu grinsen und zu winken und eben dafür zu sorgen, daß die Leute zahlten und eintraten.

Für mich war das eine sehr peinliche Aufgabe. Immer war

ich schüchtern und ein bißchen zurückhaltend gewesen. Das war auch einer der Gründe dafür, daß ich in der Schule so wenig Freunde hatte. Howie hatte alle möglichen Clownerien vollführt, wenn er mich beim Spielen für die Tanzveranstaltungen der Schule begleitete, aber selbst wenn nur Mädchen und Jungen meines Alters um mich waren, hatte ich höchstens dafür sorgen können, daß mein Gesichtsausdruck verriet, wieviel Vergnügen mir die Musik bereitete.

Jetzt sollte ich Stunde um Stunde den Narren spielen, und meine Schauspielerei war Petes Meinung nach mindestens so wichtig wie meine Musik. Das gefiel mir nicht. Diese verrückte, falsche Routine war keineswegs das, was ich erhofft hatte. Aber darauf kam es nicht an. Es war ein Job, der fünf wunderbare Dollar die Woche bedeutete. Nicht eine Sekunde dachte ich daran, diese Arbeit abzulehnen, doch als ich meinen Platz am Klavier einnahm, bat ich Edward C., Joey mitzunehmen. Ich wollte nicht, daß er mir zusah. Und ich hoffte inständig, daß auch Emily nicht in die Nähe käme. Ich war sicher, daß ich das nicht ertragen könnte.

6

Emily war tatsächlich der Star des Vergnügungsparks. Menschen, die es sich nicht leisten konnten, andere Darbietungen zu besuchen, brachten doch Abend für Abend ihre Kinder, damit sie über die Späße des Clowns Bongo lachen konnten. Niemals hörten sie den Clown sprechen; Worte spielten keine Rolle. Der Spaß lag darin, daß man sah, wie der Clown beim leisesten Zusammenstoß mit einem Stuhl, einem anderen Menschen, zu Boden fiel; er lag in dem verblüfft-staunenden Ausdruck, mit dem er von einer schwierigen Situation in die andere stolperte. Die Blegans und Edward C. wimmelten um Bongo herum, neckten und quälten ihn, stürzten ihn in Schwierigkeiten, klopften ihm dann tröstend die Wangen und kniffen ihn zugleich, um ihn für seine Dummheit zu strafen. Den Kindern gefiel das. Emily erklärte mir, sie sähen in den Blegans und Edward C. kleine Menschen, wie sie selbst ja auch klein seien, und die Tatsache, daß hier ein erwachsener Clown von kindlich wirkenden Liliputanern übertölpelt wurde, war nicht nur spaßig, sondern verschaffte den Kindern auch eine geheime Befriedigung.

Ich selbst hätte all diese kleinen Ungeheuer verdreschen können, und das sagte ich Emily auch, doch sie lächelte nur und meinte, ich solle einmal an die Clowns denken, über die ich früher einmal gelacht hätte, und versuchen, mich zu erinnern, was mich dabei zum Lachen gereizt habe. Sie hatte recht. Ich war selbst auch ein solches kleines Ungeheuer gewesen, und ich hatte begeistert gelacht, wenn der dumme Clown stürzte oder bestraft wurde, weil er so dumm war. Aber das war doch, bevor ich einen Clown namens Emily kennengelernt hatte. Jeder Tag bedeutete für sie lange und anstrengende Arbeit. Sie war ständig auf dem Posten, mischte sich unter die Schaulustigen, strauchelte und stolperte unaufhörlich, um ein wenig Lachen von Leuten zu ernten, die nicht allzu bereitwillig lachten. Wurde der Vergnügungspark geschlossen, dann holte sie ihre drei schlafenden Kinder aus Pete Harris' Zelt und ging müde aus dem Tor und hinüber zu dem Wohnwagen, der ihr Heim war. Fast immer blieb sie einen Augenblick neben meinem Klavier stehen, um mir eine gute Nacht zu wünschen; ich wartete dort auf sie, wenn meine Arbeit früher getan war. Emilys Gute-Nacht-Wünsche wurden zu einem kleinen Lichtblick in einem Tag, der oft sehr monoton gewesen war.

Immer frühstückte sie mit uns, bevor sie sich für den Tag schminkte. Danach sah ich sie nur selten, oder doch höchstens aus der Ferne, aber es kam ein paarmal vor, wenn die Menschen sich fast verlaufen hatten und die Lichter gelöscht wurden, daß sie neben meinem Klavier stand und zuhörte, wenn ich so spielte, wie ich gern immer spielen wollte. Ich improvisierte dann einige der Melodien, die ich im Kopf mit herumtrug, variierte sie in den Molltonarten und mit einer Zartheit, die ganz allein für Emily bestimmt war. Endlich kam ich dann aber doch immer in ein strahlendes und lautstarkes Dur zurück. Das war meine Art, vor ihr mit meiner Geschicklichkeit zu prahlen. Meistens stand sie nur da und hörte stumm zu, lächelte vor sich hin, sagte jedoch nichts. Aber eines Abends beugte sie sich vor und sagte leise zu mir: »Du bist ein großes Talent, Josh. Laß dich durch diese schweren Zeiten nicht dazu bringen, das zu vergessen.«

In diesen Wochen war ich unruhig. Joey und ich warteten darauf, daß Lonnie wiederkäme, und als er nicht kam, wußten wir, daß er seine Arbeit verloren hatte, wie er es befürchtete. Ich nahm drei Dollar von den kostbaren zehn, die Pete Harris mir nach den ersten beiden Wochen als Arbeitslohn gegeben hatte, und steckte sie in einen Brief an Lonnie. Joey fügte einen Dollar von dem Geld hinzu, das er mit allerlei Botengängen verdiente, und wir schrieben Lonnie, dies sei die erste Abzahlung von der Summe, die wir ihm schuldeten. Wir fühlten uns sehr wohl, als wir diesen Brief aufgaben.

Wir kauften einander auch Weihnachtsgeschenke und waren so froh, daß wir einmal etwas anderes als Lebensmittel erstehen konnten, daß wir unsere Päckchen schon lange vor Weihnachten öffneten. Ich kaufte für Joey ein hellblaues Hemd und steckte einen Riegel Schokolade in die Brusttasche. Und er schenkte mir eine Brieftasche aus imitiertem Leder für meinen neuen Reichtum. Ich glaube nicht, daß mir jemals ein Geschenk so große Freude bereitet hat. Die Brieftasche vermittelte mir ein Gefühl des Wohlergehens, als ich sie in meine Jakkentasche steckte; außerdem hatte sie ein paar interessante Nebenfächer und eine Personalkarte, die ich stolz ausfüllte. Darauf war auch eine Zeile, die lautete: »Im Falle eines Unfalls bitte verständigen: . . .« Ich wollte schon »Stefan Grondowski« auf die freie Zeile schreiben, aber dann dachte ich noch einmal nach, schrieb »Lon Bromer« und fügte die Anschrift in Omaha hinzu, die er uns gegeben hatte.

Trotz all meiner Unnachgiebigkeit dachte ich jetzt, da Weihnachten näherkam, öfter an zu Hause. An den warmen, lauen Abenden, wenn der Lärm des Vergnügungsparks sich gelegt hatte, unternahm ich oft lange Spaziergänge und fragte mich dabei, ob es wohl vor den Einstellungsbüros in Chicago noch immer die langen Menschenschlangen gäbe, ich fragte mich, ob es Kitty gelungen war, die ersehnte Stellung zu bekommen, und ich stellte mir hundert Fragen über Mutter. Als Joey ein paar Zeilen schrieb, um den Eltern von meinem Job zu erzählen, gab ich ihm einen Dollar, den er zusammen mit einem von ihm selbst zusammengesparten Dollar in den Brief tat. Joey schrieb: »Josh und ich schicken euch dieses Geld zu Weihnachten.« Er fragte mich, ob ich auch unterschreiben wolle, und im ersten Augenblick wollte ich wirklich meinen Namen neben seinen schreiben. Aber ich sagte: »Nein, ich glaube nicht«, und er klebte den Brief zu, ohne ein weiteres Wort darüber zu verlieren.

In diesen Tagen dachte ich auch viel über Emily nach; nicht über die Emily, die den ganzen Tag den Clown spielte, sondern über jene, die mit uns frühstückte und am späten Abend zu mir ans Klavier kam – an die wunderschöne Emily mit den großen, purpurfarbenen Augen und dem weichen, ovalen Gesicht über dem Clownkragen.

Diese Gedanken an Emily waren traurig. Irgendwo hatte ich die Ansicht aufgeschnappt, durch Liebe werde man glücklich, doch das galt nicht für mich. Die Liebe tat mir nur weh; sie schmerzte genau wie Ungewißheit und Hoffnungslosigkeit.

Eines Abends, als ich darauf wartete, daß sie vorbeikäme und mir gute Nacht wünschte, hörte ich ihren kleinsten Jungen schläfrig greinen, als sie ihre drei Kinder für den Heimweg vorbereitete. Als ich sah, daß sie stehenblieb, um den kleinsten auf den Arm zu nehmen, lief ich hinzu und erbot mich, ihn huckepack bis zu ihrer Tür zu tragen. Zuerst wehrte er sich, dann ließ er den Kopf gegen meinen Nacken sinken, seufzte und schlief wieder ein. Emily ging neben mir, hielt die anderen beiden Jungen bei der Hand, und keiner von uns sprach ein Wort, während wir an den Werkbahngeleisen entlang zu ihrem Wohnwagen gingen.

Als wir die Kinder auf ihre Betten gelegt hatten, ging ich wieder hinaus, und Emily folgte mir. Sie setzte sich auf die unterste Stufe des Wagens und nahm die Kappe von ihrem leuchtenden Haar.

»Setz dich doch einen Augenblick, Josh«, sagte sie. »Ich wollte längst schon einmal mit dir reden.« Sie schwieg und sah mich an. »Bereitet dir in letzter Zeit irgend etwas Kummer?«

»Nein«, antwortete ich. »Nur so allgemeiner Trübsinn.«

»Das liegt wohl in den Zeiten, wie?«

»Ich sollte dankbar sein, daß ich einen Arbeitsplatz habe. Ich bin's ja auch. Nur . . .« Ich wußte nicht, wie ich den Satz beenden sollte.

»Du bist einsam, Josh, das habe ich längst begriffen. Es ist wirklich schade, daß es keine anderen jungen Leute deines Alters im Vergnügungspark gibt. Ich habe schon darüber nachgedacht, ob ich nicht irgendein nettes junges Mädchen kenne, mit dem du hin und wieder ins Kino gehen könntest.«

Ich schüttelte den Kopf. Dann schwiegen wir beide und starrten in die Dunkelheit. Und ehe ich noch recht wußte, was ich sagen wollte, platzte ich dann mit dem heraus, was sich mir aufdrängte. »Ich wünschte, Sie wären ein Mädchen, Emily. Alles in der Welt würde ich dafür geben, wenn Sie ein Mädchen in meinem Alter wären.« Sobald die Worte heraus waren, war ich ganz starr vor Entsetzen über das, was ich damit verraten hatte.

Sie sah auf die langen Schuhe ihres Clownkostüms hinunter, dann wandte sie sich mir lächelnd zu. »Wenn ich ein Mädchen in deinem Alter wäre, dann wäre ich sehr stolz darauf, daß du mich magst, Josh.«

»Aber es gefällt Ihnen nicht, daß Sie . . . ich meine, daß ich Sie jetzt auch mag?«

Sie beugte sich vor und verschränkte die Hände um die Knie. Ihr Gesicht wirkte sehr ernst, und zwischen den Augen bildete sich eine kleine Falte.

»Weißt du, Josh, manche Frauen werden sehr eitel, wenn ihnen ein junger Mann sagt, was du mir eben gesagt hast. Aber ich bin nicht eitel – ich glaube, ich bin nur dankbar. Man sollte doch für jedes bißchen Zuneigung dankbar sein, das einem begegnet, nicht wahr?«

»Und ich hatte schon gefürchtet, Sie würden mich für einen dummen Jungen halten«, murmelte ich.

»Dann kennst du mich aber nicht sehr gut. Ich halte dich für einen empfindsamen und sehr begabten Jungen – ein bißchen dickköpfig vielleicht, aber ganz bestimmt kein Dummkopf.«

Sie beugte sich zu mir herüber, und ich glaubte, sie wolle mich auf die Wange küssen, doch dann überlegte sie es sich anders und reichte mir statt dessen die Hand. Dann legte sie ihre linke Hand auf die meine und ließ den Händedruck zu einem ganz leichten Streicheln werden. Ich wollte sie nicht verlassen, doch mir war klar, daß ich gehen mußte. Ich stand auf, dann sah ich lange auf sie hinunter, und sie lächelte mich an. Mir wurde klar, daß es genau das Lächeln war, das sie auch oft für Joey fand. »Gute Nacht, mein lieber Josh«, sagte sie. »Gute Nacht, und vielen Dank!«

Am nächsten Morgen wandte sich Emily beim Frühstück an Edward C.: »Ich glaube, zur Weihnachtszeit sollten wir alle etwas tun, um unsere trübe Stimmung zu vertreiben. Der Vergnügungspark ist am Weihnachtsabend geschlossen. Warum sollten die Jungen und du da nicht zu mir kommen? Es gibt Kakao und Kuchen.«

Wahrscheinlich verrieten unsere Gesichter die allgemeine Freude. »Das ist eine Ehre, Josh«, erklärte mir Edward C. später. »Emily lebt sonst ganz zurückgezogen. Ich kann mich nicht daran erinnern, daß sie jemals einen von uns zu sich eingeladen hätte. Aber es ist ja auch deutlich zu sehen, daß Joey und du ihr besonders viel bedeuten.«

Sofort fingen wir an, über ein Geschenk nachzudenken, das wir Emily am Weihnachtsabend bringen könnten. Joey hielt eine Schachtel Konfekt für richtig; ich wollte lieber etwas Weiblicheres und Persönlicheres kaufen. An einem der Stände gab es sehr hübsche Parfümflaschen, und ich hätte sehr gern Parfüm für Emily gekauft.

Edward C. war jedoch streng praktisch eingestellt. »Mit einer Familie von heranwachsenden Jungen braucht sie dringend Geld, Josh. Ich meine, wir sollten eine hübsche Büchse suchen und sie mit Münzen füllen. Zehn Zehn-Cent-Stücke von jedem von uns. Joey kann sie putzen, daß sie richtig blitzen. Und dann bitten wir eine der Frauen, uns ein schönes Seidenband mit einer großen Schleife darum zu binden. Emily wird sich bestimmt darüber freuen, glaubt mir! In diesen Zeiten ist ein bißchen Geld viel, viel mehr wert als Pralinen oder Parfüm.«

So folgten wir seinem Rat, und die kleine Dose mit den Silbermünzen schien uns ein sehr hübsches Geschenk zu sein. Sie war zwar nicht gerade das, was ich Emily gern geschenkt hätte, doch ich mußte zugeben, daß Edward C.'s Ratschlag wahrscheinlich vernünftig war. Emily hatte ohnehin kaum Gelegenheit, das Parfüm zu benutzen. Ich hoffte nur, daß ich ihr eines Tages doch einmal etwas würde schenken können, was wirklich zu einer so wunderbaren Frau paßte.

Am Heiligen Abend gingen wir zu dritt frisch gewaschen und gekämmt zu Emilys Wohnwagen. Sie empfing uns an der Tür, und zum erstenmal sah ich sie wie eine Frau angezogen, ohne jede Andeutung an einen Clown. Sie trug ein Baumwollkleid, dessen Farben vermutlich vom vielen Waschen verblichen waren, doch es blieb noch immer ein hübsches Kleid mit einem weiten Rock, der anmutig um ihre Beine schwang, wenn sie ging. Die Ohrringe aber sorgten dafür, daß Emily wie eine Königin aussah – große, leuchtende Ringe, so rotgold wie ihr Haar.

Sie schlugen leicht gegen ihre Wangen, fingen das Licht ein und sahen sehr fröhlich und zugleich vornehm aus.

Edward C. und Joey fanden leichter Worte als ich. Sie sagten ihr, wie wunderbar sie aussehe, wie schön es sei, sie einmal in einem Kleid zu sehen, nicht im Clownkostüm, und wie wunderschön ihre Ohrringe seien. Sie lächelte und beugte sich nieder, um beide auf die Stirn zu küssen; dann sah sie mich an, als warte sie darauf, was ich zu sagen hätte. »Sie sehen sehr gut aus, Emily«, versicherte ich, und sie sagte: »Danke, Josh«, und küßte mich auch.

Und dann war der Abend für mich plötzlich nicht mehr wunderbar. Wir traten ein, und am Tisch saß Pete Harris, den jüngsten Sohn auf dem Schoß, die beiden anderen neben sich. Da saß er, kurz und fett, ein wenig glänzend, und sah ganz froh und entspannt aus.

»Hallo, meine Herren!« rief er mit seiner heiseren Stimme. »Wie geht's dir, Edward C.? Hast du deine Jungs mitgebracht, ja? Na, nun seht euch doch nur mal unseren kleinen Schatz hier an. Du wirst fett, mein Junge. Du kriegst tatsächlich ein bißchen Speck auf die Rippen.« Er stieß Joey den ausgestreckten Zeigefinger in den Magen und streckte mir dann die Hand entgegen. »Und wie geht es dir, Paderewski?« fragte er.

Emily stand neben seinem Stuhl, lächelte und sah ganz glücklich aus. »Pete hat uns mit Brathähnchen und Pralinen überrascht; jetzt können wir uns ein richtiges Weihnachtsessen leisten, Joey. Die Jungen konnten es kaum erwarten, bis ihr endlich kamt.«

Joey strahlte. Er gab ihr die Dose mit den Münzen. »Das ist für Sie, Emily«, sagte er, »von Edward C., von Josh und mir.«

Emily öffnete die Dose. Erst strahlten ihre Augen, dann füllten sie sich mit Tränen. Sie hielt Pete Harris die Dose mit den Münzen hin, daß er sie sehen konnte. Er nickte zustimmend. »Das ist ein sehr, sehr schönes Geschenk, Jungs«, sagte er dann. Dann sah er zu Emily auf. »Du hättest dir kein schöneres wünschen können, nicht wahr, Liebling?«

Er nannte sie Liebling! Er sprach mit meiner wunderbaren Emily, als gehöre sie ihm, und im nächsten Augenblick sagte sie, unsere Münzen und Petes Ohrringe machten dieses Weihnachtsfest für sie zum schönsten, an das sie sich erinnern könne.

Also hatte Pete Harris ihr die Ohrringe geschenkt, durch die sie wie eine Königin aussah, und ich, der ich ihr doch so gern auch etwas Weibliches geschenkt hätte, hatte mich überreden lassen, mich an einem Geldgeschenk zu beteiligen, von dem sie wahrscheinlich Haferflocken und Grütze für ihre Kinder kaufte.

Ich glaube, Edward C. begriff die Enttäuschung in meinem Gesicht, denn er beeilte sich, Emily eine Erklärung zu geben. »Weißt du, Emily, Josh wollte dir eigentlich Parfüm schenken, und du bist heute abend so wunderschön, daß es mir fast leid tut, es ihm ausgeredet zu haben. Du hättest wirklich ein persönlicheres Geschenk bekommen müssen, eines, das uns die Möglichkeit gegeben hätte, dir zu sagen, wie schön du bist.«

Sie legte die Arme um die Schultern des kleinen Mannes, doch mich sah sie an, als sie sagte: »Nein, Edward C.! Ihr drei hättet mir gar nichts Schöneres schenken können als diese Dose voller Münzen. Und jedesmal, wenn ich eine davon ausgebe, für Medizin oder für Lebensmittel, dann werde ich denken: Das sind die weißen Spitzenhandschuhe, die Joey mir geschenkt hat; das ist ein gehäkelter Schal von Edward C., und das ist wieder ein Tropfen französisches Parfüm von unserem Musiker, von Josh.«

Ihre Worte halfen ein wenig. Nicht viel, aber doch ein wenig. Es wäre besser gewesen, wenn Pete Harris stillgeblieben wäre. Aber er blieb es nicht, sondern sagte: »Du warst auf der richtigen Fährte, Edward C. Emily braucht das Geld nötig. Das ist diesmal kein Jahr für Spitzentüchlein und Parfüm, hab' ich nicht recht, Liebling?«

Aber es war ein Jahr für Ohrringe von Pete Harris!

Es wurde ein langer, unfroher Abend. Es gab gutes Essen und viel Gelächter. Einmal verschwand Pete Harris und kam mit einer Maske und einem langen Bart wieder, um Emilys Kindern Spielzeug zu bringen. Für Joey hatte er auch schnell noch ein Geschenk gefunden, ein Taschenmesser, das offenbar alt war und die Anfangsbuchstaben P. H. eingeschnitzt trug, das aber Joey trotzdem eine ungemeine Freude bereitete. Später gingen wir alle zum Vergnügungspark hinüber und versammelten uns um mein Klavier. Ich spielte die alten Weihnachtslieder, die anderen sangen, und die Musik unter dem stillen Himmel war wunderbar. Emily und ihre Kinder sangen gemeinsam mit Edward C. auch ein paar Lieder in der Sprache der Akadier; sie klangen seltsam und süß, ein wenig geheimnisvoll. Es hätte ein wunderschöner Abend sein sollen, aber für mich war er es nicht. Ich war froh, als ich endlich allein sein durfte.

In den nächsten Tagen war ich mürrisch und unglücklich. Joey bemerkte es und hielt sich meistens von mir fern. Er war jetzt manche Stunde allein und übte auf Howies Banjo. Eines Tages versammelte sich auf dem Vergnügungsgelände eine ganze Menschentraube um ihn, als er Banjo spielte und dazu sang. Wahrscheinlich gefiel ihnen das Bild des schlanken Jungen, der da sang und ein paar einfache Akkorde dazu zupfte; es gefiel den Leuten sogar so gut, daß Pete Harris ihm erlaubte, sich mit seinem Banjo auf dem Platz herumzutreiben. Auf diese Weise verdiente er ein paar Cent, doch darüber sprach er nicht mit mir. In letzter Zeit hatte ich ihn oft angefahren. Er überließ mich mir selbst.

In diesen Tagen war ich auf jedermann böse; auf Joey aus gar keinem Grunde, auf Edward C., weil ich glaubte, er verstünde allzu gut, was ich vor jedermann zu verbergen trachtete, auf Pete Harris, weil er vorgab, Emily zu lieben. Am bösesten aber war ich auf Emily. Sie war gut und freundlich gewesen, und dann hatte sie mich verraten, indem sie einem alten Mann erlaubte, ihr Kosenamen zu geben und ihr das Geschenk zu machen, das ich ihr selbst gern gemacht hätte. Zwar schämte ich mich meiner Gefühle, doch sie ließen sich nicht durch den Verstand zur Ordnung rufen.

Die Tänzerin namens Florrie, die mir erzählt hatte, daß sie in Wirklichkeit Florinda heiße, kam öfters an mein Klavier, wenn sonst niemand in der Nähe war. Sie war nicht gerade anziehend; ihre Augen wirkten wäßrig, ihr Mund war schlaff und gab ihr ein leeres, dümmliches Aussehen. Manchmal schien sie mich zu mögen, aber sie wurde sehr böse, wenn ich sie mit »Madame« anredete. Mir war es völlig gleichgültig, ob sie mich mochte oder nicht. Der einzige Grund dafür, daß ich sie mit milder Freundlichkeit behandelte, war, daß sowohl Pete

Harris als auch Edward C. mich vor ihr gewarnt hatten. Irgend etwas Widerspruchsvolles in mir brachte mich dazu, so zu tun, als mochte ich sie viel lieber, als es tatsächlich der Fall war.

Florinda neckte mich, weil ich immer so düster aussah. »Lächelst du eigentlich nie über irgend etwas, großer Bursche?« fragte sie eines Abends. »Gibt es da oben im Norden vielleicht ein Gesetz, das Jungen wie dir verbietet, jemals ein Lächeln auf ihre Lippen kommen zu lassen?«

»Es gibt nicht viel, worüber man lächeln könnte, Florinda«, antwortete ich.

»Dann komm doch mal an einem Abend nach der Arbeit mit. Ich zeige dir Orte, an denen viel gelächelt wird. Du hast doch jetzt Geld in der Tasche und kannst es dir leisten, mit mir in ein nettes Lokal zu gehen.«

»Ich muß mein Geld sparen«, entgegnete ich kurz. »Ich habe gehungert, weil ich kein Geld hatte, und jetzt halte ich nichts davon, mein Geld in Lokalen auszugeben, in denen viel gelächelt wird.«

Florinda bewegte die Schultern auf eine Art, die mich abstieß. »Ich weiß genau, was du hast, mein Junge. Es geht dir um diesen Clown, nicht wahr? Ich habe doch genau gesehen, wie du sie kalbsäugig angestarrt hast. Aber hör gut zu, Kleiner – sie ist Pete Harris' Frau. Mach dir da keine falschen Vorstellungen. Dieser Clown gehört Pete. Also sei ein guter Junge und laß deine Augen von ihr.«

Danach behandelte ich Florinda ausgesprochen eisig, aber sie konnte ihrer Rache gewiß sein, denn ihre Worte quälten mich. »Sie ist Pete Harris' Frau. Dieser Clown gehört Pete.« Das waren die Worte einer billigen, gehässigen Frau, das wußte ich, aber mir fielen die Ohrringe ein. Und ich erinnerte mich daran, daß Pete Harris Emily »Liebling« genannt hatte.

Viele Abende lang wartete ich nun nicht mehr darauf, daß Emily ans Klavier kam und mir gute Nacht wünschte. Absichtlich verließ ich meinen Posten manchmal zu früh, und obgleich ich für meine abweisende Haltung gegenüber Emily mit Stunden der Schlaflosigkeit und der Reue zahlte, ließ meine Grondowski-Dickköpfigkeit doch kein anderes Verhalten zu. Wenn Emily zum Frühstück kam, saß ich weit weg auf der anderen Seite von Joey und Edward C., so daß ich nur eben nicken konnte. Ich sprach sogar mit den Blegans, um anzudeuten, daß ich für eine morgendliche Unterhaltung zu beschäftigt sei. Und die Blegans belieferten mich dafür mit neuem Klatsch: Ob ich schon gehört hätte, daß Pete Harris seinen Clown demnächst heiraten wolle? Was sei doch dieser Pete Harris für ein Narr, daß er diese dreiköpfige rothaarige Brut in Kauf nähme, nur um einen rothaarigen Clown heiraten zu können! Und das mußte ich mir von den Blegans anhören!

Eines Abends erwartete ich sie. Sie war allein, denn Edward C. hatte die Kinder schon früher zu Bett gebracht. Sie kam zum Klavier, wie sie es in den Wochen vor Weihnachten regelmäßig getan hatte. »Gute Nacht, Josh«, sagte sie ruhig und ging dann weiter, ohne sonst noch ein Wort hinzuzufügen.

Ich sprang von meinem Klavierschemel auf und lief an ihre Seite. »Darf ich mit Ihnen heimgehen?« fragte ich.

Sie war sehr ernst. »Ja, selbstverständlich«, antwortete sie. »Ich habe lange nicht mehr mit dir gesprochen.«

Als wir die Treppe vor ihrem Wohnwagen erreicht hatten, setzte sie sich auf die unterste Stufe und sah mich an. »Nun, Josh?«

»Wie können Sie das tun, Emily?« fragte ich verzweifelt. »Was tun?«

»Das wissen Sie ganz genau! Wie können Sie Pete Harris heiraten? Wie können Sie so etwas über sich bringen?«

Sie schwieg ziemlich lange. Dann griff sie zu mir herüber und nahm meine Hand, und ich fühlte mich ganz schwach werden, sobald meine Hand in der ihren lag.

»Josh, einmal, vor vielen Jahren, habe ich einen Menschen geliebt, der nicht einmal wußte, daß es mich gab. Ich liebte ihn so sehr – und ich haßte das Mädchen, das er liebte, ein Mädchen, das älter und gebildeter war als ich. Ich habe in den schrecklichen Wochen vor ihrer Hochzeit gelitten, aber die Monate und Jahre haben das alles für mich wieder geglättet.

Um die Wahrheit zu sagen: Ich habe fast vergessen, wie er eigentlich war, und warum ich ihn so sehr liebte. Aber ich weiß auch, daß meine Liebe sehr wach und schmerzlich war, solange sie anhielt. Mir tut heute noch die kleine Emily leid, die ich einmal war, und ich bedaure sie wegen der Qualen, die sie ausgestanden hat.«

»Ja, gut. Aber was wollen Sie mir eigentlich damit sagen?«

»Ich weiß nicht.« Sie atmete tief. »Ich bin nicht ganz sicher, was ich dir sagen will. Ich sage nur, was im Augenblick gerade in meinen Gedanken ist.«

»Aber ich habe auch meine Gedanken, Emily. Die Leute sagen, daß Sie Pete Harris' Frau sind. Stimmt das?«

»Die Worte klingen so gehässig, daß ich annehme, sie stammen von Florinda, von den Blegans oder von beiden zugleich.« Sie entzog mir ihre Hand und faltete die Hände im Schoß. »Nein, ich bin nicht Pete Harris' Frau in dem Sinne, in dem sie es meinen. Aber ich werde Pete heiraten. Und du mußt mir gut zuhören, Josh. Ich habe dir ein paar Dinge zu sagen.«

Sie sah in die Nacht hinaus, während sie sprach, und anfangs klang ihre Stimme kälter, als ich sie je gehört hatte, doch bald erwärmte sie sich, und sie war wieder Emily.

»Pete ist ein guter Mensch. Er ist nicht schön, nicht gebildet, hat keine hervorragenden Umgangsformen. Er ist auch nicht reich, und er wird es wohl nie werden, weil er zu sehr für jene sorgt, die zu wenig haben. Pete ist also durchaus nicht das, was man eine gute Partie nennen würde, aber er ist treu, freundlich und anständig. Er hat meinen Mann und mich vor einigen Jahren hier in Baton Rouge kennengelernt; als Carl starb, war Pete wie ein älterer Bruder zu ihm; als meine Jungen und ich bitter arm zurückblieben, hat er für mich eine Arbeit hier im Vergnügungspark geschaffen, eine Arbeit, für die ich nicht ausgebildet bin. Er hat sich um uns gekümmert und hat uns beschützt – ist das nicht genug? Braucht er noch mehr Empfehlungen?«

»Aber er ist ein alter Mann«, sagte ich verbittert. »Er ist zu alt für Sie.«

»Pete ist fünfundvierzig, Josh, also fünfzehn Jahre älter als ich. Und ich bin fünfzehn Jahre älter als du. Fünfzehn Jahre sind nicht so schrecklich wichtig, wenn man einander mag, nicht wahr?«

Darauf antwortete ich lange nicht. Endlich murmelte ich: »Also gut. Dann vergessen Sie, daß Sie mich gekannt haben. Von jetzt an sind wir eben Fremde füreinander.«

Sie rührte sich nicht, als ich aufstand, um davonzugehen, aber sie sprach; und obgleich ihre Stimme leise war, hörte ich jedes Wort. Sie sagte: »Es gibt so vielerlei Dinge, die das Leben heutzutage schwermachen, Josh. Wenn wir Fremde füreinander sein sollen, dann ist das wieder etwas Schmerzliches. Aber wenn es so sein soll, muß ich mich eben damit abfinden. Ich hoffe, du wirst deine Meinung ändern.«

Ich ging ohne Antwort, und dann lag ich fast die ganze Nacht wach und fühlte mich elend, weil ich ihr weh getan hatte. Aber die Erinnerung daran, wie sie Pete Harris verteidigt hatte, war ebenso bitter wie mein Elend.

Als wir am nächsten Morgen zum Frühstück gingen, bemerkte ich, daß Edward C. mich mit ungewöhnlicher Freundlichkeit betrachtete. Edward C. war ein weiser kleiner Mann. Ich war ganz sicher, daß er weit mehr von mir wußte, als ich ihm je erzählt hatte. Als ich sagte, ich wolle mir einen Platz an einem anderen Tisch suchen, weil ich etwas mit dem früheren Bankbeamten zu besprechen hätte, nickte Edward C. und sagte nichts dazu. In Wirklichkeit kannte ich den früheren Bankbeamten kaum, und nachdem wir einander zugenickt hatten, verzehrten wir unser Frühstück in ungebrochenem Schweigen. Ich sah nicht dorthin, wo Joey und Edward C. Emily begrüßten. Joey wartete auf mich, als die beiden anderen in die Garderobenzelte gegangen waren. »Du hast Emily heute früh beleidigt, Josh«, sagte er mir. »Und Edward C. auch. Ich weiß wirklich nicht, wie du so etwas fertigbringst.«

»Kümmere dich um deine eigenen Angelegenheiten, Joey, ich kümmere mich um meine«, antwortete ich schroff. Ich wollte es eigentlich gar nicht sagen, aber die Worte waren schon heraus und ließen sich nicht zurückrufen. Joey antwortete nicht, er sah mir nur in die Augen, und sein Gesichtsausdruck war ganz gewiß nicht der eines bewundernden kleinen Bruders. In seinen Augen lag ein kühler, kritischer Blick; und ich hatte das Gefühl, wenn mir nach einer Prügelei zumute gewesen wäre, hätte Joey sofort mitgehalten.

Es war der kühlste Tag, seit wir in Louisiana angekommen waren. Im Radio war von Wirbelstürmen und von eisigen Temperaturen bei uns in Chicago und im ganzen Norden des Landes die Rede. Ausläufer dieser Kälte waren offenbar bis zu uns vorgedrungen, und die Menschen, die hier gar nicht an kalte Winde gewöhnt waren, konnten einem leid tun. Dutzende von Kindern balgten sich an den Eisenbahngeleisen um Kohlebrocken und um Feuerholz für die Wohnwagen. In den Zelten des Vergnügungsparks ließ man alle Lampen unaufhörlich brennen, damit sie ein wenig Wärme abgaben. Das Publikum schrumpfte schnell so sehr zusammen, daß man es kaum noch zwischen den Zelten sah. Die Tänzerinnen traten am Abend gar nicht mehr auf. Dadurch war ich am Abend von meinen Pflichten befreit, und ich ging weit über das Feld hinaus, auf dem unser Vergnügungspark lag, und ich lief weiter und weiter und hoffte, dadurch so müde zu werden, daß ich sofort einschlafen konnte, wenn ich zurück ins Zelt kam. Aber als die Müdigkeit mir schon bis tief in die Knochen gedrungen war, saß ich noch neben der Straße an eine Kiefer gelehnt und versenkte mich in mein Alleinsein. Allmählich hätte ich doch an dieses Gefühl gewöhnt sein müssen, denn es begleitete mich ja seit Wochen. Aber noch nie hatte es mich so stark gepackt wie an jenem Abend. Ich saß da und dachte an Mutter und Kitty, an Howie und an Miß Crowne. Ich wollte Lonnie gern wiedersehen, wollte gern mit ihm sprechen. Und erstaunlicherweise wünschte ich mir sogar für einen Augenblick, den Vater wiederzusehen, den ich früher einmal gekannt hatte. Vor allem aber wollte ich gern jemanden bei mir haben, der zärtlich und lieb war, irgendeinen Menschen, der wie Emily war, aber eine fünfzehnjährige Emily, die Ohrringe von mir tragen würde, und die dicht neben dem Klavier sitzen würde, wenn ich spielte, und meine Musik sollte ihr von meiner Liebe erzählen.

Der Wind seufzte ein wenig in den Zweigen über mir. Ich haßte den Wind. Ein strahlender Morgen, eine Mondnacht, ein Sonnenhimmel – sie alle konnten Hoffnung auf bessere Zeiten geben. Nicht der Wind. Entweder heulte er, oder er peitschte, oder er wisperte Geheimnisse, die nur er selber kannte. Der Wind schenkte mir niemals Hoffnung; er versprach nichts. Ich begrub den Kopf für eine Weile in meinen Armen.

Es war schon spät, als ich zum Platz zurückging. Über dem Vergnügungspark stand ein Lichtschimmer am Himmel. Anfangs hielt ich ihn für den Glanz der vielen Lampen, doch dann merkte ich, daß dieses Licht dort nicht in den Farbtönen der Glühbirnen zuckte und funkelte. Es war vielmehr wie eine rote Wolke, die über dem Vergnügungspark hockte. Unheilvoll sah die Wolke aus.

Ich war besorgt und fing an zu laufen; dann hörte ich den Lärm von Sirenen und Autos. Ich roch den bitteren Geruch nach verbrannter Zeltleinwand, Leder, Zelluloid und Öl.

Der Vergnügungspark bot ein Bild der Verwirrung, als ich dort ankam. Polizeiautos, Feuerwehrwagen und ein Krankenwagen waren da, und überall standen Menschen mit verzerrten, bleichen Gesichtern, die Augen von Rauch und Tränen gerötet. Die Hälfte aller Zelte war zu Asche zerfallen. Das Karussell stand stumm inmitten der Ruinen, und manche seiner Pferde sahen rauchschwarz aus. Die Wagen der Raupe, auf der sich die Kinder so gern vergnügt hatten, waren zusammengebrochen und stießen kleine Rauchfahnen aus. Mein Klavier war nur noch ein Skelett, der Pavillon der Tänzerinnen verschwunden.

Joey fand ich bei Emily und ihren Kindern, auch Edward C. war bei ihnen. Gemeinsam standen sie vor Emilys Wohnwagen, stumm, fast unbewegt. Wenigstens kam es mir so vor. Die Kinder sahen aus, als hätten sie geweint; Emilys und Edward C.'s Gesichter drückten Verzweiflung aus. Sie erzählten mir, was geschehen war. Versehentlich hatte man in einem der Zelte einen Ölofen brennen lassen. Irgend etwas hatte Feuer gefangen; niemand wußte, wie es dazu gekommen war; der Wind hatte Fetzen der brennenden Zeltleinwand von einem Zelt zum anderen getragen, von einem Stand mit billigem Spielzeug zu einem Garderobezelt, in dem der Flitter aufflammte wie eine Schachtel Streichhölzer. Joey hatte das Banjo und unsere wenige Habe gerettet, als er sah, daß sich das Feuer ausbreitete, doch das Zelt, in dem wir bisher geschlafen hatten, war nur noch eine glühende Masse auf dem Boden.

»Pete hatte vor, mit dem Vergnügungspark in ein paar Wochen weiter in den Süden zu ziehen«, sagte Emily. »Jetzt ist nicht mehr viel für den Umzug übrig. Ich weiß nicht, ob er eine neue Show aufbauen kann oder nicht; ich bringe es nicht fertig, ihn danach zu fragen.«

Florinda kam auf die Stufen zu, auf denen wir standen. Ihr Gesicht war vom Weinen verquollen, und ihre Schritte wirkten steif, wie bei einer Schlafwandlerin. Mit einer ungewöhnlich schrillen Stimme sprach sie uns an.

»Was soll jetzt aus uns werden? Antworte mir doch, Emily! Antworte, Edward C.! Was wird aus uns? Was sollen wir jetzt anfangen?«

»Wir werden tun, was wir können, Florinda«, antwortete Emily. »Vielleicht werden wir Fußböden scheuern. Es gibt noch Leute, die es sich leisten können, ihre Fußböden scheuern zu lassen. Vielleicht werden wir fremder Leute Kleider waschen. Wir werden eben tun, was wir tun müssen.«

»Aber ich bin doch Tänzerin!« Florinda schrie fast. Niemand antwortete, und das jagte ihr offenbar zugleich Angst und Zorn ein. »Ja, ja, gut – ich weiß, was ihr denkt! Ihr denkt, daß ich meine besten Jahre hinter mir habe. Ihr denkt, daß meine Beine plump sind, daß niemand mich mehr engagieren wird; daß ich zu alt bin, um einen neuen Job zu finden. Vielleicht habt ihr recht. Dieser Kerl da«, sie fuhr auf mich los, »dieser Bengel nennt mich Madame, damit ich mich wie hundertjährig fühlen soll. Ja, gut, ich werde alt, und ich habe keinen Pete Harris, der sich um mich kümmert, wie um unseren Clown . . .« Mitten in ihrem Ausbruch hielt sie inne und fing an zu weinen. »Ich habe doch in meinem ganzen Leben nichts anderes getan. Immer habe ich in Vergnügungsparks getanzt. Und jetzt sind meine Beine plump, und ich bin zu alt für den Job. Was soll ich denn tun?«

Emily schloß für ein paar Sekunden die Augen und preßte die Hände gegen die Schläfen. Dann kniete sie auf den Stufen nieder und zog Florrie neben sich. Wir anderen liefen ein Stück weg.

Florinda ging nach einer halben Stunde, und Emily kehrte in den Wohnwagen zurück und kochte Kakao für die Kinder und Kaffee für uns. Ihr Gesicht wirkte jetzt anders. Es war aschweiß und zeigte strenge, harte Linien. Sie lächelte nicht, als sie uns unsere Tassen reichte.

Das Entsetzen des Brandes, Florindas Hysterie, die Ängste und Befürchtungen, die uns alle befallen hatten – das Ganze hatte Emily zu einer Fremden werden lassen. Sie saß da, trank ihren Kaffee und starrte auf die Ruinen vor uns. Edward C. legte einmal seine kleine Hand auf die ihre, um sie daran zu erinnern, nehme ich an, daß er da war und mit ihr fühlte. Sie nickte ihm einen Dank für diese Geste zu, das war aber auch alles.

Und dann, als wir alle unglücklich beisammen saßen, kam Pete Harris auf den Wagen zu und stieg die Stufen herauf. Der Raum war nur spärlich beleuchtet, und anfangs erkannte ich ihn gar nicht, aber Emily erkannte ihn. Sie lief auf ihn zu und barg ihr Gesicht an seiner Schulter, er legte die Arme um sie und drückte sie fest an sich. Ich hörte ihn sagen: »Es wird alles gut, Liebling. Wir werden es schon schaffen. Ich verspreche dir, daß wir alles wieder aufbauen. Solange ich dich und die Jungen habe, fürchte ich mich nicht vor einem neuen Anfang . . .«

Ich beobachtete sie, und sie waren wie zwei Menschen, die sehr weit von mir entfernt schienen. Pete Harris war freundlich, er ging sehr behutsam mit Emily um, und das war richtig so. Und Emily – mir wurde endlich klar, daß sie niemals die fünfzehnjährige Emily sein konnte, die ich mir erträumt hatte. Niemals. Sie war eine Frau und stand dem Alter meiner Mutter näher als mir. Aber sie war freundlich gewesen. Als ich am meisten Verständnis gebraucht hatte, war Emily verständnisvoll gewesen. So würde ich künftig an sie zurückdenken – abgesehen vielleicht von der einen oder der anderen Gelegenheit, wenn ich gerade eine wunderschöne Frau mit rotgoldenen Ohrringen sah. Und dann, das wußte ich, würde ich mich an eine Zeit erinnern, in der die Liebe neu war und verwirrend und bittersüß.

7

Pete Harris sagte: »Wenigstens ist es hier unten im Süden warm. Ich erinnere mich an die Winter von Nebraska – die sind mörderisch. Wenn das Betteln wieder sein muß, dann immer noch besser hier, wo man wenigstens nicht friert, wenn man hungrig ist.«

»Ja«, sagte ich. »Da haben Sie recht, nur . . .«

»Du möchtest wieder zu diesem Lastwagenfahrer, nicht wahr? Für dich und Joey ist er so etwas wie ein Vater, wie?«

Ich wußte, daß es so war, doch ich wollte es nicht zugeben, darum biß ich mir nur auf die Lippen und sagte nichts.

»Ich würde euch gern helfen, Josh, das weißt du. Und in ein paar Monaten kann ich vielleicht auch wieder irgendeine Show auf die Beine stellen. Sicher bin ich nicht. Das Geld ist knapp, aber ich denke, ich werde schon etwas hinkriegen. Aber im Augenblick bin ich am Ende, und ich muß für Emily und die Kinder sorgen, weißt du. Ich wünschte, ich könnte euch helfen, bis wir über den Berg sind, denn wenn die Dinge wieder in Schwung kommen, würde ich dich gern an einer besseren Stelle verwenden. Nur für die nächsten sechs Monate oder so . . . ich habe einfach nicht die Mittel, um euch solange mit durchzufüttern.«

»Ich weiß, daß es nicht geht«, antwortete ich. »Und ich möchte Ihnen auch herzlich für alles danken, was Sie bisher für mich getan haben. Um Joey und mich brauchen Sie sich keine Sorgen zu machen; wir kommen schon zurecht. Ich habe das meiste von meinem Geld gespart, und er auch. Ich habe achtzehn Dollar in der Brieftasche.«

»So? Nun, damit kommt ihr schon ein ganzes Stück weit, wenn ihr vorsichtig damit umgeht. Meistens könnt ihr ja per Anhalter weiterfahren, und ihr wißt, wie man billig leben kann. Vielleicht ist es wirklich am besten, wenn ihr wieder zu diesem Mann in Nebraska geht. Ob er euch helfen kann oder nicht, ist freilich eine andere Frage. Aber wenn man einen Menschen in der Nähe hat, den man mag und dem man vertraut, das ist auch schon etwas wert.« Er zog seine Brieftasche und nahm zwei Dollar heraus. »Ich will aus den achtzehn glatte zwanzig machen, Josh. Das ist aber auch alles, was ich tun kann. Nein, nein, bedank dich nicht; du hast es verdient. Viele Leute sind immer stehengeblieben und haben dem Klavier zugehört. Das war gut fürs Geschäft, wenn heutzutage überhaupt etwas gut sein kann. Ja, und nun«, er streckte die Hand aus, »Gott segne dich, mein Junge. Und kümmere dich gut um den Kleinen!«

Wir schüttelten uns die Hände. Ich seufzte tief. Jetzt konnte ich mich mit Pete Harris abfinden. Ich konnte mich mit vielem abfinden – mit dem neuen Bild, das ich mir von Emily machte, mit dem enttäuschten Traum, der so sehr zerbrochen war. Ja, mit allem konnte ich mich abfinden. Aber ich mußte fort, so weit fort, daß ich niemals mehr hören mußte, daß Pete Harris Emily »Liebling« nannte. Ich mußte diesen sanften Himmel verlassen, der uns so gut getan hatte, ich mußte fort von diesen Menschen, so freundlich sie auch zu Joey und mir gewesen waren. Dabei wußte ich, daß ich etwas falsch machte. Ich hätte mir niemals zugetraut, es einem Menschen zu erklären, aber ich mußte hier fort.

Am Nachmittag ging ich zu Emily hinüber, um mich von ihr zu verabschieden. Sie sah noch immer blaß aus, und ihre Stimme klang nicht ganz natürlich. Die Sorgen, die uns alle quälten, hatten Emily hart getroffen, doch sie jammerte nicht, und sie wurde auch nicht hysterisch wie Florinda. Für Joey und mich hatte sie ein Päckchen Kekse eingepackt und ein anderes mit Pekanüssen, die ihre Kinder uns schenken wollten. Dann suchte sie noch in einem Schrank, holte eine Wolldecke heraus und bestand darauf, daß ich sie mitnahm.

Als ich zum Aufbruch bereit war, hielt sie mir ihre Hand hin wie am ersten Abend, und sie gab dem Händedruck zusätzliche Wärme, indem sie ihre linke Hand über meine Hand legte.

»Ich werde immer an dich denken, Josh, und ich werde immer das Beste für dich wünschen. Wirst du mir manchmal schreiben?«

»Ja«, antwortete ich und fragte mich zugleich, was ich ihr wohl jemals sagen sollte.

Sie gab mir einen Zettel. »Wenn du schreibst, dann schick die Briefe über Pete. Hier ist seine Anschrift in Baton Rouge. Er wird dann dafür sorgen, daß ich die Briefe bekomme.«

»Ja«, sagte ich wieder. Ich klang wie ein dummer Papagei, und das gefiel mir durchaus nicht. Sie sprach nichts mehr. Wir standen nur da und sahen einander an. Dann sagte ich: »Von Ihnen werde ich immer nur Gutes denken. Emily.«

Sie lächelte ein wenig. »Danke, Josh«, antwortete sie. Dann wandte ich mich ab. Ich wollte mich nicht mehr umsehen, aber ich tat es doch. Und als ich winkte, hob sie zur Antwort die Hand. Dann drehte sie sich um und verschwand im Wohnwagen.

Ich suchte nach Joey, dann suchten wir eine ganze Weile gemeinsam Edward C., aber wir konnten ihn nirgends entdekken. Endlich kam Blegan auf uns zugerannt. Er gab mir einen Umschlag.

»Das ist für dich, von Edward C.«, sagte er mit seiner hohen, kindlichen Stimme. »Er ist wirklich ein Esel, dieser Edward C.. Er ist weggegangen und heult, weil ihr jetzt fortgeht. Ich habe ihm gesagt: ›Sei doch froh! Es gibt sowieso schon nicht genug Arbeit für uns, wenn wir abwarten müssen, bis dieser Idiot Pete Harris wieder etwas für uns gefunden hat!‹ Das hab' ich ihm gesagt. Aber er hat nur weitergeheult und mich dann gebeten, ich solle euch suchen und euch das hier geben.«

Ich bin nicht sicher, ob ich Blegan dafür gedankt habe. Ich nahm ihm den Brief ab, und er rannte schon wieder davon, ehe ich auch nur den Umschlag aufreißen konnte. Joey und ich lasen den Brief gemeinsam. »Liebe Jungen«, hatte Edward C. geschrieben, »vielleicht werdet Ihr niemals wissen, was eure Freundschaft, eure Freundlichkeit und euer Respekt einem einsamen Menschen wie mir bedeutet haben. Ich könnte es nicht ertragen, mich von euch zu verabschieden, denn ich möchte nicht, daß ihr meine Tränen seht. Meine Liebe begleitet euch.

Euer Freund
Edward C. Kensington«

Als Joey mir den Brief zurückgab, faltete ich ihn behutsam zusammen und steckte ihn in eines der Fächer meiner Brieftasche.

Spät am Nachmittag brachen wir auf, und vor Anbruch der Dunkelheit wurden wir zweimal mitgenommen. Es handelte sich um kurze Strecken, und danach waren wir erst zwanzig Meilen von Baton Rouge entfernt. Dann nahm uns ein Lastwagenfahrer an Bord und brachte uns fast fünfzig Meilen nordwärts. Dieser Fahrer war anders als Lonnie. Er redete fast unaufhörlich; manchmal wandte er sich direkt an uns, manchmal sprudelte er die Worte auch nur so aus sich heraus, als wäre es ihm gleichgültig, ob jemand ihm zuhörte oder nicht. Immer wieder und wieder sprach er von dem steigenden Unwillen bei den Leuten, von den Gefühlen der Arbeitslosen und Hungernden, daß sie sich gegen die Herren in den hohen Stellungen auflehnen müßten, weil die es fertiggebracht hatten, die Wirtschaft eines ganzen Landes in dieses Elend zu stürzen, das wir nun durchlebten.

»Es gibt einen Wendepunkt, es muß einen Wendepunkt in der Geschichte dieses Landes geben«, sagte er, und seine Stimme wurde lauter und lauter. »Gott hat die Arbeitslosigkeit und den Hunger nicht geschaffen. Das dürft ihr denen nicht glauben, wenn sie es euch weismachen wollen. Dieses Elend haben Menschen verursacht. Und den Menschen, die dafür verantwortlich sind, muß man ihr Werk vorhalten. Wartet nur ab! Denen wird es dreckig gehen!«

Plötzlich brach seine Stimme. Wir hörten verlegen, wie er etwas zu sagen versuchte, während seine Stimme an den Worten erstickte. »Es wird eine Veränderung geben, sage ich euch, oder die Menschen, die das alles zu verantworten haben, werden nicht mehr erleben, was geschieht.«

Als er anhielt und sagte, daß er uns nun nicht weiter mitnehmen könne, legte er mir schwer die Hand auf die Schulter. »Vergiß nicht«, sagte er, »vergiß niemals, was dieses System dir und tausend anderen angetan hat. Ihr seid jung und habt das Leben vor euch. Vergeßt keinen Augenblick, daß dieses System die Kinder eurer Generation geopfert hat, euch und meine Kinder auch und die hungernden Kinder überall im Lande. Denk darüber nach, und wenn du kannst, dann ändere etwas daran!«

Er sah fiebernd und wild aus, und ich war tief verwirrt, als ich ihn verließ. In seiner Stimme und in seinem ganzen Verhalten hatte ein Drängen gelegen, das mir Fragen stellte.

Ein paar Tage darauf stießen wir auf eine Gruppe Männer, die neben Eisenbahngeleisen ein Feuer angezündet hatten und etwas kochten. Sie luden uns ein, mit ihnen das Kaninchenragout zu teilen, das in einer alten Speckdose über den Flammen brutzelte. Es war ein ausgezeichnetes Ragout, dem zwar das Salz fehlte, das aber heiß und nahrhaft schmeckte. Ein Mann stand wie ein Prediger vor seiner Gemeinde und sprach zu den anderen; er sprach mit lauter, zorniger Stimme, und was er sagte, paßte genau zu den Worten des Lastwagenfahrers.

»Das nennen sie Demokratie, nicht wahr? Menschen hungern, Menschen frieren, Menschen bricht das Herz vor Kummer. Aber sie leben in einer Demokratie. Das genügt doch, nicht wahr? Es ist auch undenkbar, daß man sich mehr wünscht als eine Demokratie, selbst wenn man unter einer Demokratie hungert und friert und auf dem Boden zertreten wird? Das ist doch undenkbar, nicht wahr? Aber ich sage euch Männern und euch zwei Jungen, wenn die Demokratie nicht funktioniert, dann muß man sie eben auf den Abfallhaufen werfen und durch etwas anderes ersetzen. Und ich frage euch, die ihr jeden Job annehmen würdet, wenn ihr ihn nur bekommen könntet, euch, die ihr kein Filetsteak verlangt, sondern schon mit einem Stück Brot zufrieden wärt, ihr, die ihr manchmal geglaubt habt, dieses Land habe Möglichkeiten für jeden, ich frage euch: Ist Demokratie genug? Hilft sie euch, die Bäuche eurer hungernden Kinder zu füllen? Erlaubt sie euch, das Haupt erhoben zu tragen wie ein Mensch? Macht sie euch stolz auf euer Land? Ich frage euch: Bewirkt die Demokratie etwas für euch?«

Die Männer schrien zurück: »Nein, nichts, Tom! Du hast ganz recht! Diese verdammte Demokratie tut für uns überhaupt nichts!«

»Wenn genug von euch das gemeinsam laut genug sagen, dann wird es eine Veränderung geben. Dann werden die Dinge sich so verändern, daß die Herrschaften, die heute an der Macht sind, sich schnell in ihre Verstecke verkriechen!«

Er sprach weiter und weiter. Als wir gegessen hatten und die Männer sich trennten, ging ein Mann noch ein Stück mit Joey und mir.

»Unter den Menschen wächst der Zorn«, sagte er, als spräche er vor sich hin. »Das Volk kann nicht ein Hungerjahr nach dem anderen geduldig ertragen. Die Menschen werden zornig, und wenn sie erst zornig sind, dann stellen sie Fragen, dann denken sie, dann fordern sie. Dieser Mann da, Roosevelt, den sie im November gewählt haben, sollte sich bald die passenden Antworten zurechtlegen. Er sollte gründlich nachdenken, ehe er im nächsten Monat sein Amt übernimmt.«

Aber ob die Demokratie nun strauchelte, stürzte oder stolz das Haupt erhob – wir mußten weiter. Manchmal liefen wir so weit, daß ich mich fragte, ob es zwei Beinen überhaupt noch möglich war, die nächste Meile vor uns zu bewältigen. Bisweilen fragte ich mich, welcher Dämon mich dazu getrieben haben mochte, einen Ort zu verlassen, an dem wir Aussicht auf ein wenig Bequemlichkeit gehabt hätten, und so zu tun, als wäre Lonnie das wichtigste Ziel der Welt. Joey gegenüber äußerte ich solche Zweifel freilich nicht. Instinktiv wußte ich: Solange ich überzeugt war, daß ich unseres Zieles sicher blieb und selbst nicht daran zweifelte, daß ich recht hatte, würde auch er fest und zuversichtlich bleiben. Er ging neben mir, ohne zu klagen, und ich wollte nicht das Risiko auf mich nehmen, diese Entschlossenheit zu erschüttern, die seine schmalen Schultern straff hielt, selbst wenn die Müdigkeit seine Füße hin und wieder straucheln ließ.

Der lange Weg dauerte schon einige Tage, als wir einen Wagen sahen, wie früher einmal, als Joey und ich dem Leichenzug eines großen Chicagoer Gangsters zugesehen hatten. Es war ein schwarzer, funkelnder Cadillac mit hölzernen Speichenreifen und viel blitzendem Chrom. Er klang zufrieden und gepflegt, wie er so über die Landstraße rollte. Joey und ich waren verblüfft, als der Fahrer anhielt und sich erbot, uns ein Stück mitzunehmen. Ganz schnell, ehe er seine Meinung ändern konnte, stiegen wir auf das breite Trittbrett und dann in den Wagen. Joey richtete sich hinten ein, ich saß auf dem breiten Vordersitz, der weich gepolstert und mit einem Stoff wie von einem teuren Damenkleid überzogen war.

Der Fahrer war ein sehr junger Mann, höchstens drei oder vier Jahre älter als ich. Er war ein rosiger, ziemlich dicker Bursche mit einem Gesicht, das ein wenig an ein übergroßes Baby denken ließ. Er stellte sich als »Charley« vor und fügte hinzu, über seinen Familiennamen sollten wir uns lieber keine Gedanken machen. Er erzählte uns, der Wagen sei eine Sonderanfertigung und koste gut und gerne seine siebentausend Dollar, nachdem er mit ein paar ganz besonderen Vorrichtungen ausgestattet worden sei.

Wir merkten sehr schnell, daß Charley ein Publikum für seine Prahlerei brauchte. Andererseits war er auf seine Art auch recht freundlich, und die Bequemlichkeit des Wagens war ein Fest für unsere müden Beine.

»Leute in meinem Beruf dürfen nicht zuviel reden«, erklärte er uns mit einem bedeutungsvollen Anheben der Schultern. »Vielleicht habt ihr schon von Männern gehört, die im Wrack irgendeines Unfallautos ihr Ende gefunden haben? Seht ihr, so könnte es mir auch gehen, kleine Brüder, also stellt mir gar nicht erst Fragen, ich würde sie ohnehin nicht beantworten. Ich kenne meinen Job zu gut, um mein Mundwerk mit mir durchgehen zu lassen.«

Wir hatten keineswegs beabsichtigt, ihm irgendwelche Fragen zu stellen. Wir wollten nur mitfahren und waren begeistert von dem Luxus, der uns plötzlich umgab. Wir waren durchaus damit einverstanden, wortlos dazusitzen und uns über die Kraft zu freuen, die dieser große Wagen ausstrahlte, und die vielen Meilen zu beobachten, die hinter uns zurückblieben. Doch Charley hatte nicht die Absicht, still zu sein, es war vielmehr nur allzu deutlich, daß er uns unbedingt beeindrucken wollte, und daß die Gefahr unvorsichtigen Redens, die er uns gerade erläutert hatte, in seinen Augen zusammenschrumpfte, sobald die Prahlsucht stärker wurde als die Furcht.

»Habt ihr eine Ahnung, was in diesem Wagen ist?« fragte er endlich. Die Frage quoll aus einem seiner Mundwinkel, als Joey sich gerade auf dem Rücksitz zusammengekringelt und in ein Comic-Heft vertieft hatte, das dort herumlag.

»Nein«, sagte ich. »Keine Ahnung.«

Er fuhr einige Meilen, ohne etwas zu sagen, doch sein Mund schien ein wenig zu schmollen. Ich wußte ganz genau, daß er das haarsträubende Risiko auf sich nehmen und mir einige Berufsgeheimnisse verraten würde. Offensichtlich war er wie manche kleinen Kinder – von unzufriedenen Auftraggebern in einem Autowrack zurückgelassen zu werden, möchte wohl anderen, ganz gewiß aber nicht ihm passieren.

Schließlich konnte er sein Geheimnis nicht länger für sich behalten. »Sieh mal«, sagte er, »ich würde dir das niemals erzählen, wenn ich nicht genau wüßte, daß du nur ein Junge ohne wichtige Beziehungen bist.

Ich suche mir die Leute, mit denen ich spreche, sehr vorsichtig aus, aber ich glaube, dir kann ich vertrauen, nicht wahr?«

»Ja, sicher«, entgegnete ich. »Mir können Sie vertrauen. Aber das müssen Sie schon selbst beurteilen. Ich stelle keine Fragen.«

»Ich weiß, daß du nicht fragst. Und das ist auch gut so, denn ich habe so meine eigene Art, Leuten die Meinung zu sagen, die ihre Nasen in meine Angelegenheiten stecken.«

Schweigend fuhren wir weiter. Ich beobachtete den Meilenzähler und schloß insgeheim eine Wette mit mir selbst ab, daß er seine wichtigen Nachrichten erzählen würde, ehe wir noch zehn Meilen zurückgelegt hätten. Ich hatte recht. Er sprach nach sieben und einer halben Meile.

»Weißt du, kleiner Bruder, unter dem Wagen ist nämlich ein Tank angebracht; ein ganz schön kräftiger Tank, der über dreihundert Liter faßt. Und kannst du raten, was da drin ist?«

Ich schüttelte den Kopf. Zwar wußte ich genau, was sich in dem geheimnisvollen Tank befand, doch zog ich es vor, den unwissenden Tölpel vom Lande zu spielen.

»Milch?« fragte ich. »Ist das hier vielleicht ein moderner Milchwagen?«

Das brachte ihn zum Lachen. Offenbar tat ihm das Gefühl, einem dummen Jungen weit überlegen zu sein, ausgesprochen wohl.

»Nein, Milch ist es nicht, mein Freund. Da ist Schnaps drin; der beste und teuerste Schnaps reist hier nach New Orleans. Und willst du noch mehr wissen? Unter den Türpolstern sind flache Behälter, hübsche, große Behälter, und in denen ist auch keine Milch.«

Er zwinkerte mir zu und kicherte zufrieden. Sein Gesicht wirkte sehr rosig und selbstzufrieden.

»Natürlich gehe ich ein großes Risiko ein. Darum kriege ich ja auch einen anständigen Lohn für meine Arbeit.« Er sah von seinem sehr gut aussehenden Anzug und seinen blinkenden Schuhen zu der merkwürdigen Kleidung, die Pete Harris mir zu Beginn meiner Arbeit im Vergnügungspark gegeben hatte. »Dir würde der Mund offenstehen, wenn ich dir sage, wieviel

Geld ich für diese Fahrt kriege. Aber das Risiko bringt mir eben auch das große Geld.«

»Das Risiko, daß Sie von Bundeskriminalbeamten angehalten werden, nehme ich an?« Er schien gar nicht zu bemerken, daß ich doch eine Frage stellte.

»So ist es, kleiner Bruder. Genau das ist das Risiko. Diese dreckigen Schnüffler! Aber die sollen nur anfangen, mich zu jagen – weißt du, was ich dann tue?«

»Nein«, sagte ich in der Gewißheit, daß mir die ganze Geschichte bald in allen Einzelheiten bekannt sein würde.

»Tja, dann beschleunige ich den guten alten Cadillac auf neunzig Meilen in der Stunde, und die ganze Regierung besitzt keinen Wagen, der bei der Geschwindigkeit noch mithalten kann, und wenn ich auf neunzig bin, dann mache ich eine Kleinigkeit, die mich unschuldig werden läßt wie ein kleines, neugeborenes Lämmchen.« Er griff unter das Armaturenbrett und zog ein Stückchen Kabel darunter hervor. »Ich brauche nur einmal kräftig an diesem Kabel zu ziehen, dann fließt der ganze Schnaps aus dem großen und auch aus den Seitentanks auf die Straße. Jeder Tropfen! Nichts bleibt übrig als leere Tanks. Und es ist nicht gegen das Gesetz, leere Tanks im Wagen zu haben, wenn der Schnaps auf der Straße liegt.«

Ich sah in den Rückspiegel und versuchte mir vorzustellen, wie es wäre, wenn uns jetzt ein Auto der Bundespolizei verfolgte.

»Sind Sie schon oft gejagt worden?« fragte ich und war ziemlich sicher, daß Charley inzwischen nichts mehr gegen Fragen einzuwenden hatte.

»Eigentlich noch nie. Aber es gibt schließlich immer ein erstes Mal. Ich bin jeden Tag darauf gefaßt, und ich bin darauf vorbereitet, das kannst du mir glauben, kleiner Bruder!«

»Wie werden Sie die Polizei denn erkennen?« fragte ich und war tatsächlich interessiert.

»Ach, die kann man doch riechen!« antwortete er leichthin.

Mir schien, daß diese Antwort noch einiger Erläuterungen bedurfte, wollte andererseits aber auch nicht zu neugierig erscheinen. »Das muß ein mächtig aufregender Job sein«, sagte ich und gab mir Mühe, recht neidisch zu wirken.

Charley war mit mir zufrieden. »Das ist es auch, mein Freund. Ziemlich aufregend und ziemlich gefährlich. Aber wenn man das große Geld verdienen will, muß man eben auch etwas wagen. Das ist etwas für mich. Und ich spiele dieses Spielchen nicht für nichts und wieder nichts mit, ob du's glaubst oder nicht!«

»Oh, ich glaube Ihnen«, versicherte ich, weil ich das Gefühl hatte, ich könnte mich bei Charley ruhig ein bißchen beliebt machen. Schließlich bekamen Joey und ich dafür eine wunderbare Fahrt geschenkt, die wir wirklich genossen. Als ich mich einmal zu Joey umblickte, sah er mich über seinen Heftrand hinweg an und zwinkerte mir so heftig zu, daß sich sein ganzes Gesicht verzerrte. Das gab mir ein Gefühl der Zufriedenheit; Joey und ich waren gar nichts, aber wir konnten uns immer noch einem eingebildeten kleinen Gauner überlegen fühlen. Wir kuschelten uns in den Luxus, den Charley uns bot, fühlten uns entspannt, amüsiert und friedfertig.

Er fuhr uns noch den ganzen Nachmittag und prahlte Meile um Meile weiter. Er konnte uns ein paar große Namen nennen, dieser Charley, und das tat er auch; es waren einige der bekanntesten Namen des verbotenen Alkoholgeschäfts im trockengelegten Amerika. Seine Uhr war ein kleines Geschenk von einem Onkel, dessen Name berühmt war; sein Job war ihm gewissermaßen auf einem silbernen Tablett von einem anderen bekannten Verwandten aus der Unterwelt angetragen worden, dessen Namen in den Herzen aller seiner Rivalen das blanke Entsetzen hervorrief. Charley hatte Namen genug zur Verfügung, um seine Geschichten bis in die späte Nacht fortzusetzen, doch zum Glück mußte er bei Einbruch der Dunkelheit vor einem Hotel anhalten, das von seinen Vorgesetzten aus Sicherheitsgründen gewählt worden war. Ich hätte mich gern bedankt und verabschiedet, als wir aus dem Wagen stiegen, doch davon wollte Charley nichts wissen. Er lud uns zum Abendessen ein.

Selbstsicher stieg er aus dem großen Wagen, dann gingen wir zu dritt in ein kleines Restaurant in derselben Straße, wo Joey und ich mit der Vorsicht von Menschen, die den Hunger kennen, das billigste Menü bestellten, das auf der Karte zu finden war, während Charley sich ein ansehnliches Steak kommen ließ. Ich wußte, daß ich es mir eigentlich nicht leisten konnte, doch ein gewisser Stolz, vielleicht auch eine bestimmte Ähnlichkeit mit diesem Charley gab mir die Idee ein, ihn zum Dank für das Mitnehmen zum Abendessen einzuladen, da ich doch meine zwanzig Dollar in der Brieftasche hatte. Aber Charley wollte davon nichts wissen. »Ich habe eine ganze Menge von diesen Scheinchen, und es sind noch mehr für mich unterwegs. Das bißchen Abendessen hier geht auf die Rechnung vom guten alten Charley.«

Und so war diese Frage geregelt. Nachdem wir gegessen hatten, saßen wir noch lange am Tisch. Joey und ich zahlten für unser Essen, indem wir Charley aufmerksam zuhörten und pflichtschuldigst beeindruckt waren.

Dann zog Charley seine Brieftasche, um für unsere Mahlzeit zu bezahlen, und es stellte sich heraus, daß er kein kleineres Geld als eine Zwanzig-Dollar-Note bei sich hatte. »Ich möchte ihr nicht gern einen Zwanzig-Dollar-Schein für die paar Kleinigkeiten geben«, sagte er, »aber kleiner hab' ich's nicht.« Ein wenig unruhig durchkramte er alle seine Taschen.

Die Eitelkeit, die mich vorhin dazu getrieben hatte, Charley zum Abendessen einzuladen, meldete sich wieder. Ich mochte Charley nicht besonders und erwartete auch nicht, ihn jemals wiederzusehen, doch irgendwie mußte ich ihn wissen lassen, daß ich ebenfalls eine Brieftasche besaß, und daß ich ebenfalls großes Geld mit mir herumtrug – wie ein von Gangstern angeheuerter kleiner Gauner, der nicht den Mund halten konnte. »Wenn Sie den Zwanziger gewechselt haben wollen«, sagte ich, »das kann ich.« Damit zog ich einen Zehn-Dollar-Schein, einen Fünfer und fünf Einer hervor.

Charley war beeindruckt. »Dir scheint es ja recht gutzugehen, kleiner Bruder«, sagte er. Er gab mir schnell seinen

Zwanziger, nahm die Scheine und ließ einen davon als Trinkgeld für die Kellnerin liegen. Das Trinkgeld betrug ungefähr fünfzig Prozent der Rechnung. Vermutlich war sie davon überrascht.

Bald darauf verließen Joey und ich Charley vor dem Restaurant, dann gingen wir daran, nach einem Haus Ausschau zu halten, wo wir ein Bett für die Nacht finden konnten. In mir meldete sich wachsende Unruhe, und ich bemerkte, daß auch Joey ernst aussah. Plötzlich fragte ich mich, ob ich wohl einen Zwanzig-Dollar-Schein anbieten konnte, um damit eine Übernachtung in einem Fünfzig-Cent-Bett zu bezahlen – denn ein teureres konnten wir uns nicht leisten.

Joey wußte offenbar, was ich dachte. »Ich habe fünf einzelne Dollar und drei Vierteldollar«, sagte er kurz angebunden. Bisher hatten wir von den kleinen Münzen gelebt, die Joey im Vergnügungspark mit seinem Singen verdient hatte. Ich merkte deutlich, daß er böse auf mich war, und ich konnte es ihm nicht einmal verdenken.

In einem schäbigen Viertel der Stadt fanden wir ein Haus, in dem eine Familie bereit war, ein Bett für fünfzig Cent die Nacht zu vermieten. Joey zahlte am nächsten Morgen dafür, und als wir ein Stückchen weiter ein billiges Café fanden, zahlte er dort auch unser Frühstück.

Fast den ganzen Tag trampten wir zu Fuß; nur ein- oder zweimal wurden wir zwischen zwei Ortschaften mitgenommen. Das Wetter wurde ein wenig kühler; ein Mann, der uns ein Stück mitnahm, meinte, die Kälte aus dem Norden greife nun schon bis nach Texas über. Ich betrachtete Joeys abgewetzte Schuhe und erinnerte mich an etwas, das mich schon beschäftigte, seit wir die Wärme von Louisiana hinter uns gelassen hatten. Ehe wir in die Schneelandschaften gerieten, mußte ich dafür sorgen, daß Joey warme Überschuhe bekam. Als wir die Stadt erreichten, in der uns unser Fahrer absetzte, sah ich mich nach einem Schuhgeschäft um.

Es war ein düsteres kleines Geschäft, eher ein Trödlerladen, in dem aber auch einige Reihen Schuhkartons an den Wänden standen. Der Mann, der uns bediente, war ein dürrer Mann mit säuerlichem Gesicht, und der ganze Laden wirkte irgendwie anrüchig. Mir kam es jedoch darauf an, möglichst bald die Überschuhe zu bekommen, und da sie anderthalb Dollar kosteten, hielt ich das für eine gute Gelegenheit, meinen Zwanzig-Dollar-Schein zu wechseln.

Der Mann warf mir einen verschlagenen Blick zu, als ich ihm den Schein gab. »Hast du's nicht kleiner?« fragte er.

»Nein«, antwortete ich. »Das ist überhaupt das einzige, was ich habe.« Er betrachtete den Schein, faltete ihn zusammen und strich ihn wieder glatt. »Wo hast du den gestohlen?« fragte er schroff.

»Den hab' ich nicht gestohlen. Ich habe unten in Baton Rouge in einem Vergnügungspark gearbeitet, und das ist das Geld, das ich in vier Wochen gespart habe.«

»Eine hübsche Geschichte! In den letzten zwei Jahren habe ich keinen Jungen mehr mit soviel Geld gesehen.« Plötzlich beugte er sich vor und bellte mich an: »Nun los! Heraus mit der Sprache! Wo hast du den Schein gestohlen?«

»Ich habe Ihnen schon einmal gesagt, daß ich ihn nicht gestohlen habe! Aber wenn Sie mit mir keine Geschäfte machen wollen, dann geben Sie mir mein Geld wieder, und ich kaufe die Überschuhe in einem anderen Laden.«

»Nein, das tust du nicht.« Er zog den Schein zurück, dann hob er ihn gegen das Licht und betrachtete ihn von allen Seiten. Als ein grauer, kaninchenhafter Mann an der Tür vorbeischlurfte, rief ihm der Ladeninhaber zu: »He, Sheriff, komm doch mal her!«

Der Mann sah verblüfft aus. »Was sagst du, Alf? Was willst du von mir?«

»Ich sage, du sollst reinkommen! Was ist denn los mit dir? Bist du erst seit so kurzer Zeit zum Sheriff gewählt, daß du dich noch nicht an deinen Titel gewöhnt hast?«

Der Mann schüttelte den Kopf und stand mit verständnislosem Gesicht unter der Tür. Der Ladeninhaber ging zu ihm. »Sheriff, du hast doch eine Menge Erfahrung, da sollst du mir etwas sagen. Das hier ist doch eine falsche Banknote, nicht wahr? Sieh sie dir ganz genau an, und dann sag es mir. Na? Die ist doch falsch, wie?«

Der kleine graue Mann schluckte, sah erst uns, dann den Mann vor sich an. »Ich denke schon, Alf, wenn du es sagst . . .«

»Nein, nicht wenn ich es sage . . . Ich will deine Meinung hören, Sheriff! Gleich hier vor diesen Bengels. Das ist eine Blüte, nicht wahr?«

»Ja, ja, ich würde sagen, der Schein ist falsch, Alf. Sieht genau wie eine Blüte aus.«

»Gut, mehr wollte ich nicht wissen. Danke, Sheriff! Geh ruhig schon zum Gefängnis, vielleicht habe ich bald zwei Kunden für dich!«

Der Mann schlurfte weiter, und der Schuhverkäufer wandte sich wieder an uns. »Und nun hört mal zu! Ein Widerwort von euch, dann kann ich euch unter fast jeder Anklage einsperren lassen, die mir gerade einfällt. Den Kleinen da kann ich in ein Fürsorgeheim stecken lassen, und du, mein Junge, du kannst eine ganze Zeit im Staatsgefängnis brummen und sehen, wie es dir dort gefällt. Aber ich will euch eine Chance geben. Ihr könnt die Überschuhe haben. Wenigstens das will ich noch für euch tun, aber den Schein behalte ich. Vielleicht schicke ich ihn einfach an die Regierung, dann können sie ja sehen, wie sie den Fälschern auf die Spur kommen. Also – ihr könnt wählen. Entweder ihr verschwindet jetzt mit den Überschuhen, oder ihr widersprecht auch nur ein einziges Mal, dann werdet ihr ja sehen, was ihr davon habt.«

Wir waren hilflos, und das wußten wir genau. Er konnte fast jede Lüge über uns erzählen, er konnte ein halbes Dutzend Geschichten erfinden, um uns in Schwierigkeiten zu bringen, und er konnte sicher auch ein halbes Dutzend von diesen kleinen, kaninchengrauen Männern herbeischaffen, die aus lauter Angst vor ihm seine Komplizen wurden.

Noch nie im Leben hatte ich mir so sehr gewünscht, einen anderen Menschen niederzuschlagen, doch mir wurde klar, daß wir hier wirklich in Gefahr waren. Wir hatten es mit einem

Lügner zu tun und mit einem Dieb, dem wir auf Gnade oder Ungnade ausgeliefert waren, und das wußte er. Also nahmen wir den Karton mit den Überschuhen und gingen hinaus. Joeys Gesicht war weiß, meines wahrscheinlich auch. Ich sah mich nur einmal um, und der Mann blickte uns mit halbgeschlossenen Augen und einem gehässigen Lächeln um die Lippen nach.

So schnell wie möglich verließen wir die Stadt, ohne ein Wort miteinander zu reden. Als wir die Landstraße erreicht hatten, sah ich Joey an und entdeckte, daß sein Gesicht voller Tränen war. Ich war sehr niedergeschlagen, als wir nebeneinander die Landstraße entlanggingen.

Endlich sagte ich: »Es ist meine Schuld, Joey. Ich mußte ja unbedingt vor diesem Freizeitgangster mit dem Geld in meiner Brieftasche angeben. Wir hätten sonst für die Überschuhe mit kleinerem Geld bezahlen können, dann wäre der Mann nicht auf dumme Gedanken gekommen. Ich bin ein blödsinniger Hohlkopf, daran gibt's keinen Zweifel. Man müßte mich von hier bis nach Omaha prügeln!«

Joey grinste, während er sich mit dem Handrücken über die Augen wischte. »Ich werde dich jedenfalls nicht prügeln, solange ich meine Überschuhe für zwanzig Dollar anhabe, kleiner Bruder«, sagte er und ahmte dabei Charleys herablassenden Tonfall nach.

Wir fühlten uns ein wenig wohler, weil wir noch lachen konnten. Ich wußte, daß es sinnlos war, unserem Verlust lange nachzutrauern, also versuchte ich, meine Gedanken auf andere Dinge zu lenken, doch die Gemeinheit des Schuhhändlers kam mir gegen meinen Willen immer wieder in den Sinn. Manchmal ballte ich die Fäuste und konnte fast spüren, wie meine Knöchel in sein gemeines Gesicht schlugen.

Trotz dieses Verlustes waren wir nicht so arm, wie wir es in diesem Jahr schon gewesen waren. Noch hatten wir Emilys Kekse und den Beutel mit den Pekanüssen, und Joey trug noch über vier Dollar in der Tasche. Vor ein paar Monaten wären wir uns mit diesen Trümpfen in der Hand reich vorgekommen.

Spät am Nachmittag, nachdem wir zehn Meilen mit dem

Lastwagen eines Bauern gefahren und ungefähr fünf Meilen gelaufen waren, hatten wir ein bißchen Glück, denn wir fanden einen guten Schlafplatz. Es war ein Dorfschulhaus, und eine schwache Rauchsäule aus dem Schornstein sagte mir, daß man dort ein Feuer für die Nacht angezündet hatte. Wenn wir in das Haus gelangen konnten, dann hatten wir meiner Meinung nach bis zum Morgen einen behaglichen Schlafplatz.

Zu unserer Überraschung war die Tür nicht verschlossen. Das Schloß war zerbrochen, und man hatte keinen Versuch unternommen, den Eingang zu versperren. Sobald wir drin waren, wurde uns klar, warum man sich diese Mühe nicht gegeben hatte: Es gab nichts in diesem Haus, was das Mitnehmen gelohnt hätte. Fünfzehn oder zwanzig Pulte standen herum, einige von ihnen zerbrochen, alle zerkratzt und tintenfleckig. Ein altertümlicher Globus war da, ein paar Bücher lagen umher und sahen langweilig aus, an eine Wandtafel hatte irgend jemand, vermutlich ein Lehrer, geschrieben: »Kürze auf den kleinsten gemeinsamen Nenner«, doch was gekürzt werden sollte, war ausgewischt worden. Irgendwie belustigte mich dieser geschriebene Auftrag auf eine unglückliche, bittere Art. Den Grund dafür wußte ich nicht zu sagen.

Das Schulzimmer sah nicht nach viel aus. Ich konnte mir vorstellen, wie ungern die Kinder hier sein mußten. Wir stöberten ein Weilchen herum, doch es gab nichts zu sehen; außerdem waren wir todmüde, und so zogen wir ein paar Pulte neben den Ofen und streckten unsere Füße der Wärme zu. Zum Abendessen nahmen wir vier von Emilys Keksen und vier Pekanüsse aus unserem Vorrat, und während wir aßen, sprachen wir über mancherlei, vermieden aber sorgfältig den peinlichen Vorfall im Schuhgeschäft. Als die Dunkelheit den Raum füllte, wickelten wir uns in die Decke, die Emily uns geschenkt hatte, und richteten uns auf dem staubigen Fußboden für die Nacht ein.

Trotz allen Ärgers und aller Sorgen schliefen wir fest. Ich erwachte, als das erste Morgenlicht hereinzusickern begann, stand leise auf und stellte mich an eines der schmutzigen Fenster. Lange sah ich in den Morgen hinaus und versuchte, klare Gedanken zu fassen.

Ich wollte einen Plan schmieden. Mit Joeys Geld konnten wir ein paar Tage leben. Hatten wir ein bißchen Glück, so konnten wir tagsüber lange Strecken mitgenommen werden und nachts warme Plätzchen zum Schlafen finden. Sicher konnte es nicht mehr lange dauern, bis wir Nebraska erreichten, und Nebraska bedeutete Bequemlichkeit und Schutz. Aber noch während mir dieser Gedanke kam, wurde mir auch klar, daß Joey und ich nicht eines Morgens bei Lonnie anklopfen und sagen konnten: »Hier sind wir; seien Sie unser Vater!« So kindisch war ich nicht. Irgendwie mußten wir ihm zeigen, daß wir für uns selbst sorgen konnten, daß wir ihn nur brauchten, weil uns ein Freund fehlte. Insgeheim wußte ich aber doch genau, daß uns tatsächlich nur die Furcht zweier Kinder trieb, allein vor dunklen Abgründen zu stehen.

Joey bewegte sich unruhig im Halbschlaf. »Gibt es irgendein Frühstück, Josh?« fragte er.

Im ersten Augenblick konnte ich nicht antworten, dann erklärte ich ihm, daß wir uns besser erst einmal auf den Weg machen sollten. Vielleicht fänden wir irgendwo unterwegs etwas zu essen.

Im nächsten kleinen Ort frühstückten wir. Ich sorgte dafür, daß Joey Toast und ein Ei aß und einen Becher heißen Kakao dazu trank. Ich selbst trank nur Kakao, nachdem ich Joey davon überzeugt hatte, daß ich nicht hungrig war. Wenn jemand schon für den Verlust von zwanzig Dollar verantwortlich war, dann mußte er eben seinen Gürtel ein wenig enger schnallen.

In den nächsten Wochen gingen wir weite Strecken, hin und wieder wurden wir auch ein Stückchen mitgenommen, meistens in Bauernwagen. Gelegentlich nahm uns auch einmal jemand fünfzig Meilen mit, und an zwei oder drei Tagen, die es wert waren, im Kalender rot angestrichen zu werden, lud man uns zu einem Würstchen oder zu einem Riegel Schokolade ein. Wir fanden auch Schlafplätze: eine Toreinfahrt im

Geschäftsviertel einer Stadt, einen Güterschuppen auf einem Bahnhof, einen Heuschober in einer milden Nacht; einige Male überließen uns Familien ein Bett für einen Vierteldollar, doch als Joeys Geld schwand, sparten wir jeden Cent für Lebensmittel, die weit wichtiger waren als ein Bett.

Als der Wind kälter wurde und der Schnee tiefer, machte ich mir Sorgen um Joey. Das kalte Februarwetter, mit dem wir es zu tun hatten, als wir Kansas erreichten, war für jeden Menschen bedrohlich, der so unterernährt und ermüdet war wie wir. Überraschenderweise blieb jedoch Joeys Gesundheitszustand besser als meiner. Bei mir meldete sich ein heftiger Husten, der sich Tag für Tag verschlimmerte, und Joey gab seine letzten Münzen aus, um Hustensaft für mich zu kaufen. Joey bettelte an Küchentüren und brachte mir etwas zu essen, wenn meine Füße sich weigerten, auch nur noch einen Schritt zu tun.

Von Tag zu Tag wurde es schwieriger, wenigstens am Leben zu bleiben. Wir hielten uns bei Stimmung, indem wir uns immer wieder daran erinnerten, daß wir mit jedem Schritt näher zu Lonnie kamen.

Das stimmte zwar, doch wir mußten einen hohen Preis zahlen, um unser Ziel zu erreichen.

8

In der letzten Februarwoche erreichten wir Nebraska erschöpft, hungrig und ohne einen Cent. Joey versuchte, ein paar Münzen zu verdienen, indem er sang und sich dazu auf dem Banjo begleitete, doch der eisige Wind ließ seine Finger taub werden, und die Menschen waren viel zu sehr mit ihren eigenen Problemen beschäftigt, um auf die Bitte zu achten, die er mit seinem Singen ausdrückte. Einmal hatte er allerdings auch Glück. Er bekam ein paar Knochen mit viel Fleisch geschenkt. Ein Fleischer hatte seinen Gesang gehört, war gerührt und zahlte in der Münze, die sich ein Fleischer leisten kann.

Es war ein kostbares Geschenk, und wir gingen eilig in das schäbigste Haus, das wir auftreiben konnten, denn wir wollten gern Menschen finden, denen es so schlecht ging wie uns. Wir hatten Glück, denn wir fanden einen alten Mann, der gern bereit war, die Knochen auf seinem Herd zu kochen, wenn er etwas von der Suppe abbekam. Er war ein sehr freundlicher alter Mann, sehr still und manchmal wie benommen. Er stellte uns keine Fragen, verzog aber besorgt das Gesicht, als ich einen besonders heftigen Hustenanfall bekam. Später nahm er die abgetretenen Schuhe, die ich zum Trocknen vor das Feuer gestellt hatte, und verbrachte eine lange Zeit damit, ihnen Einlegesohlen aus Pappe einzupassen. Als wir uns verabschiedeten, schenkte er mir ein Paar dicker grauer Wollsocken und riet mir mit der zitternden Stimme alter Menschen, ich solle immer meine Füße trockenhalten.

Oft fragten wir nach dem Weg, und jeden Tag kamen wir Omaha ein Stückchen näher. Ich brannte vor Fieber, während wir uns weiterschleppten, doch davon sagte ich nichts, und Joey brauchte auch nicht zu wissen, wie sehr mir bei jedem Atemzug die Lungen weh taten. Wahrscheinlich hielt er mich einfach für übelgelaunt, wenn ich ihn kurz anfuhr oder seine Fragen einfach überhörte. Ich hätte ihm sagen müssen, wie krank ich war, doch ich tat es nicht. Eines Mittags legten wir an einer Teerpappenhütte neben Eisenbahngeleisen eine Pause ein, und Joey fragte die Frau, die an die Tür kam, ob sie uns etwas zu essen geben könne. Ich sprach nicht, doch als ich sie ansah, schien es mir, als brenne auch ihr Gesicht vor Fieber. Ihre Augen waren rot und wäßrig, und ihre Wangen zeigten hellrote Fieberflecke. Sie sah schrecklich dünn und schwach aus, und ich wußte ziemlich sicher, daß wir uns zum Betteln den falschen Platz ausgesucht hatten.

Die Frau kreischte Joey an, als habe er ein Verbrechen begangen, als er um irgend etwas bat, das uns am Leben erhalten konnte. »Was soll ich denn eurer Meinung nach tun, wie?«

schrie sie. »Soll ich jedem hergelaufenen Landstreicher Essen austeilen, während meine eigenen Kinder nur eine Mahlzeit am Tag bekommen? Glaubt ihr vielleicht, ich könne das bißchen, das wir noch haben, so strecken, daß es auch noch für Landstreicherkinder reicht, damit meine eigenen dann morgen darben?«

Es war schrecklich, sie zu beobachten und ihr zuzuhören. Die fiebrige Helle in ihren Augen ließ sie wie wahnsinnig wirken. Und dann, als wir noch sprachlos dastanden, fing sie plötzlich auf jene hysterische Art an zu schluchzen, in der auch Florinda am Abend des Brandes geweint hatte.

Ich wandte mich ab, fühlte Mitleid mit ihr und zugleich noch stärkeren Ärger. »Ein einfaches, klares Nein wäre völlig genug, um uns loszuwerden«, murmelte ich. »Sie brauchen sich nicht in Einzelheiten zu verlieren.«

Aber Joey war anders. Er ging nahe zu ihr und sagte leise: »Schon gut. Wir wissen selbst, wie schwer die Zeiten sind.«

Sie hob ihre Schürze und barg ihr Gesicht darin, doch Joey und ich konnten ihr Schluchzen noch hören, als wir die verschneite Straße entlanggingen. Das Erlebnis erschütterte uns. Wir wußten, daß wir es bei einem anderen Haus erneut versuchen mußten, doch die Wildheit der Frau erfüllte uns mit Furcht bei dem Gedanken, noch einen anderen Menschen bitten zu müssen.

Gerade hatten wir die Ecke an einem Häuserblock erreicht, als wir hörten, daß sie uns nachgelaufen kam und uns mit derselben hysterischen Stimme nachrief. Ich wollte vor ihr davonlaufen, doch ich konnte es nicht. Wir warteten, bis sie uns erreicht hatte. Barhäuptig und ohne Mantel stand sie im eiskalten Wind.

»Ihr müßt zurückkommen; ihr seid auch hungrige Kinder, und ich habe mich an Menschen versündigt, denen es ebenso schlecht geht wie mir. Ich werde heute nacht keine Ruhe finden, wenn ich daran denken muß, daß ich Kinder abgewiesen habe, weil sie nicht meine eigenen sind.« Sie zog Joey am Arm, doch ihre Worte schien sie an mich zu richten. »Ihr müßt auf mich hören. Ihr müßt zurückkommen, bitte! Wir strecken unser Essen ein bißchen, dann werden wir alle satt.«

Ich wollte nicht gern mit ihr umkehren, doch ich fürchtete fast, es ihr abzuschlagen. Sie sah so verzweifelt aus und so entschlossen, sich durch uns von ihrem Schuldgefühl befreien zu lassen. Und so dankten wir ihr und schlichen bedrückt zu der Hütte zurück, in der Kinder an den Fenstern standen und zu ihrer Mutter und den beiden fremden Jungen herausstarrten.

In der Küche setzten wir uns an einen kahlen Tisch. Sechs Kinder reihten sich neben uns auf. Schnell hob die Frau den Deckel von einem Topf Suppe und schüttete Wasser nach. Sie weinte jetzt nicht mehr, doch während sie die Suppe in Näpfe füllte, sprach sie auf eine sehr merkwürdige Weise mit sich selbst. »Wir werden essen«, wiederholte sie immer wieder. »Alle werden wir essen. Meine hungrigen Kinder werden essen, und die hungrigen Kinder einer anderen Frau werden essen. Heute werden wir alle essen, und vielleicht wird Gott für morgen sorgen.«

Als wir das Haus der Frau verließen, folgten wir den Eisenbahngeleisen bis zum Stadtrand. In der Nähe fanden wir einen alten Schuppen und einen leeren Ölkanister, in dem wir ein Feuer anzündeten. Ich sagte Joey, meiner Meinung nach sollten wir uns einen Tag oder auch zwei ausruhen, ehe wir weitergingen. Insgeheim fragte ich mich, ob ich wohl jemals wieder in der Lage sein würde, über die Landstraße zu wandern.

Am nächsten Morgen war ich so schwach, daß ich nicht aufstehen konnte, und so ging Joey allein zum Betteln. In einem Haus hatte er wirklich Glück. Eine Frau gab ihm einen ganzen Laib Brot, frisch und knusprig aus dem Backofen. Ich war ganz benommen vom Fieber, als er mir das Brot zeigte, doch ich verspürte Zufriedenheit bei dem Gedanken, daß dieses Brot uns über die nächsten Tage hinweghelfen würde.

Als ich erwachte, war Joey verschwunden, und es war fast dunkel, als er wiederkam. »Du erinnerst dich an die Frau, die uns die Suppe gegeben hat? Die Frau, die so sehr weinte?« fragte er. »Ich habe ihr die Hälfte von unserem Brot gebracht.

Sie war so glücklich, und sie hat gesagt, ich sollte auch dir danken . . .« Er unterbrach sich und war vermutlich erschrocken und erstaunt, als ich ihn heftig anfuhr.

»Du hast unser Brot verschenkt, du Idiot? Wir sind hier fast am Verhungern, und du verschenkst Brot, das uns tagelang am Leben halten könnte . . .«

»Sie hat uns zu essen gegeben, vergiß das nicht«, sagte Joey kurz und zog sich von mir zurück.

»Sie hat uns einen Napf dünner Suppe gegeben. Und mir wäre es gleich, wenn sie uns ein Beefsteak angeboten hätte – wir brauchen dieses Brot! Du gehst sofort zu ihr zurück und sagst, daß wir es brauchen!« Ich wußte kaum, was ich sagte. In mir war nur brennender Zorn, aber keinerlei Gefühl, keinerlei Vernunft und kein Mitleid.

Joeys schmales Gesicht wurde hart, als er mich ansah. »Du kannst mich anschreien, bis du schwarz wirst, das ändert überhaupt nichts! Es war mein Brot, und ich konnte damit tun, was ich will. Und auch wenn du es bist, dann bin ich noch lange nicht gemein genug, um Leute zu vergessen, die uns geholfen haben!«

Joey wußte nicht, wie krank ich war. Er wußte es nicht. Hätte er es gewußt, dann hätte er mich anders behandelt. Aber er wußte es nicht.

Ich schlug Joey. Es war das erste Mal in meinem Leben, daß ich ihn schlug. Als ich noch klein gewesen bin, da war ich manchmal voller Haß gegen ihn und neidisch, aber ich hatte ihn niemals hart angefaßt. In den Monaten auf der Landstraße hatte ich ihn mehr als sonst einen Menschen auf der Welt lieben gelernt. Aber als er jetzt herausfordernd und zornig vor mir stand, vergaß ich alle Jahre anständiger Erziehung, die ich früher einmal genossen hatte. Das Fieber, das Gefühl der Verzweiflung, der blinde Zorn – das alles zusammen war stärker als ich, und in diesem blindwütigen Augenblick schlug ich einen schmächtigen Jungen, fünf Jahre jünger als ich, einen Jungen, der eines Abends eine hungrige Katze gefüttert hatte, an einem Abend, der jetzt hundert Jahre zurückzuliegen schien, einen Jungen, der einer Frau und ihren hungrigen Kindern ein halbes Brot geschenkt hatte.

Joey stürzte zu Boden, und ich erstarrte, weil ich über das erschrak, was ich angerichtet hatte. Ich stand da, starrte ihn an, wie er am Boden lag, und ich starrte noch immer, als er aufsprang und mit funkelnden Augen auf mich losfuhr.

Joey fehlte es nicht an Worten. »Ich habe eine Menge von dir hingenommen, Josh, aber das ist jetzt das letzte. Mit dir bin ich fertig! Jetzt und mein Leben lang bin ich fertig mit dir! Ich kann für mich selber sorgen, und du kannst meinetwegen zum Teufel gehen!« Er ergriff seinen Mantel und das Banjo; es war seltsam, daß ich es in diesem Augenblick überhaupt bemerkte, doch ich war froh, daß er seine Überschuhe anhatte. Beim Hinausgehen schlug er die Schuppentür hinter sich zu.

Ich weiß nicht, wie lange ich dort stand. Das Fieber brachte seltsame Muster in mein Hirn, Gedanken, die sich im Kreise jagten, die sich immer wiederholten, während sie ihre Kreise vollendeten. »Mein Bruder ist fort . . . Mein Bruder ist fort«, wirbelte es mir durch den Kopf. Und dann: »Niedrigster gemeinsamer Nenner, niedrigster gemeinsamer Nenner, kürze auf den niedrigsten gemeinsamen Nenner . . .«

Als ich die Tür öffnete, hatte sich die Dämmerung in Nacht verwandelt. Ich glaube, daß ich Joey mehrmals gerufen habe; oder wenigstens habe ich versucht, ihn zu rufen. Dann taumelte ich hinaus und über die Felder, um ihn richtungslos zu suchen.

Das halbe Brot lag auf dem Boden neben dem Ölkanister, den wir als Ofen benutzten.

Ich hatte keinen Plan für die Suche nach Joey, hatte kein Richtungsgefühl. Ich lief nur blindlings weiter und lief und lief, wenn nicht gerade ein Hustenanfall meine Brust zu zerreißen drohte. Wenn das geschah, lehnte ich mich gegen einen Baum oder einen Zaun, bis ich wieder weitergehen konnte. Manchmal glaubte ich, in der Ferne eine kleine Gestalt zu erkennen, die wie Joey aussah; dann lief ich darauf zu, um jedesmal festzustellen, daß es irgendein unbeweglicher Gegenstand war, der aus der Ferne wie die Umrisse eines Jungen ausgesehen hatte.

»Er kommt zurück! Er überwindet seinen Zorn, und dann kommt er zurück«, begann ich mir einzureden, nachdem ich ihm eine lange Zeit nachgelaufen war. Mir schien es besser, in den Schuppen zurückzukehren, damit ich dort war, wenn Joey zurückkam. »Ich werde mich entschuldigen«, redete ich mir immer wieder ein. »Ich werde das mit Joey in Ordnung bringen.«

Lange versuchte ich, den Schuppen wiederzufinden, doch ich hatte mich verlaufen. Nur schwarze Nacht umgab mich und Schnee, der tagsüber ein wenig geschmolzen war und sich jetzt in ein flaches Gewässer mit einer dünnen Eiskruste darüber verwandelt hatte. Meine Schuhe standen voll Wasser; die Pappsohlen und die Wollsocken, die der alte Mann mir gegeben hatte, konnten Schnee und Wasser nicht fernhalten.

Schließlich befiel mich Panik, da ich weder den Schuppen noch Joey finden konnte. Kein einziges erleuchtetes Fenster war zu sehen, kein Hauseingang, in dem ich ein Obdach finden konnte. Ich hustete so sehr, daß ich endlich das Gleichgewicht verlor und stürzte. Die Anstrengung, wieder auf die Beine zu kommen, war zuviel für mich. »Ich glaube, ich muß sterben«, dachte ich, und ich versuchte nicht mehr, etwas daran zu ändern.

Ich hatte gehört, daß in einem solchen Augenblick vor den Augen eines Menschen noch einmal sein ganzes Leben vorüberzieht, doch ich erinnere mich nur daran, daß ich einen kleinen Ausschnitt aus meinem Leben gesehen habe. Ich fühlte mich in eine Zeit zurückversetzt, als ich noch ein kleiner Junge war und die Masern hatte oder sonst eine Kinderkrankheit. Ich lag auf dem Schoß meines Vaters, den Kopf gegen seine Brust gelehnt, und er schaukelte mich in dem großen Lehnstuhl, den Mutter im Winter vor den Herd stellte. Seine Arme fühlten sich stark und beschützend an; er klopfte mir rhythmisch den Rücken, während er schaukelte, und er sang mir ein altes polnisches Lied aus seiner Kindheit vor. Ich fühlte die Schwingungen seiner tiefen Stimme, wenn ich meinen Kopf gegen seine Brust lehnte. Das war alles, was an Erinnerungen in mir auftauchte. Danach gingen in meinem Kopf die Lichter aus.

Nach einer unbestimmten Zeit waren Stimmen da, Stimmen, die tausend Meilen entfernt zu sein schienen. Ich hatte das Gefühl, daß man mich bewegte, daß man mir die nassen Schuhe und Strümpfe auszog, daß Wärme mich einhüllte. Einmal glaubte ich Räder unter mir zu spüren, und ich hörte ihr Geräusch auf der Straße. Dann gab ich jeden Versuch auf, irgend etwas zu erkennen; ich wußte nichts mehr.

Als ich aufwachte, lag ich in einem Bett, und warme Decken hüllten mich ein. Wintersonne fiel durch ein Fenster, und der Duft einer kräftigen Suppe hing in der Luft. Als mich Husten schüttelte, tauchten Arm und Hand eines Mannes auf; mein Kopf wurde angehoben, und die Hand führte mir einen Löffel mit süßer, klebriger Medizin zwischen die Lippen. Ich schluckte, und der Husten verschonte mich für eine Weile.

Alles war still, abgesehen vom Knistern eines Feuers in einem großen Kamin, der eine Wand des Raumes einnahm. Ich fragte mich, wo ich sein mochte, war jedoch zu müde und zu schwach, um mir deswegen große Sorgen zu machen. Ich wußte, daß jemand neben mir saß, jemand, dessen Hand und Arm meinen Kopf angehoben und mir Medizin gegeben hatte. Irgend jemand war freundlich.

Ein Mädchen kam und stand am Fußende meines Bettes, ein Mädchen in einer weiten Schürze, die ihr fast bis auf die Knie hing. Sie hatte steife braune Zöpfe, die ein wenig abstanden, und ein ovales Gesicht mit ein paar Sommersprossen. »Sieht aus wie ein Mädchen vom Lande«, dachte ich und schämte mich sofort meiner geheimen Unfreundlichkeit. Das Mädchen musterte mich sehr ernsthaft.

»Ich glaube, er kommt zu sich, Lonnie«, sagte sie. »Vielleicht sollten wir versuchen, ihm noch etwas Suppe einzuflößen.«

Sie sagte Lonnie! Ein Freudenblitz durchfuhr mich. Ich drehte den Kopf so weit, daß ich den Mann sehen konnte, der neben mir saß, und ehe meine Augen ihn wirklich erfassen konnten, durchzuckte mich die Angst, ich könnte vielleicht nicht richtig gehört haben. Aber ich hatte richtig gehört. Lonnie saß neben mir und nickte lächelnd, als ich zu ihm aufsah.

»Jetzt fühlst du dich schon besser, nicht wahr, Josh? Du hast uns mächtige Angst eingejagt, weißt du das?«

Es mußte sehr lange her gewesen sein, seit ich zuletzt gesprochen hatte. Es fiel mir schwer, die Worte zu bilden, die ich gern sagen wollte.

Endlich brachte ich ein Wispern zustande: »Wie haben Sie mich gefunden?«

»Ein Ehepaar hat dich an einem Straßenrand ungefähr fünfzig Meilen südlich von Omaha gefunden. In deiner Brieftasche stand meine Adresse, also haben sich die Leute mit mir in Verbindung gesetzt. Janey und ich sind dann hinübergefahren und haben dich mit heimgebracht.«

Das Mädchen lächelte mir kaum merklich zu. Das war also Janey, nahm ich an. Aber sie war nicht so wichtig. Irgendeine tiefe Unruhe in mir versuchte, in mein Bewußtsein vorzustoßen. Ich kam nicht darauf, was es war, doch es war etwas Schlimmes. Ich wandte den Blick von dem Mädchen zu Lonnie zurück.

Er beugte sich herab, so daß seine Augen in gleicher Höhe mit den meinen waren. »Ich weiß, du bist zu schwach, um zu reden, aber eines muß ich wissen. Wo ist dein Bruder, Josh? Wo ist Joey?«

Dann kam alles wie eine ungeheure Woge wieder auf mich zu: aller Schmerz, alle Niedertracht, die mich dazu gebracht hatte, Joey zu schlagen; der Zorn in seinen Augen war wieder da und seine Verachtung. Ich erinnerte mich an das Schneewasser in meinen Schuhen, als ich mich damit abgefunden hatte, nicht mehr weiterzukönnen. Ich schloß die Augen, als diese Erinnerungen auf mich einstürmten.

»Sag's mir, Josh!« Das war wieder Lonnie. »Erzähl mir, was geschehen ist. Dann lassen wir dich wieder schlafen.«

Die Stimme des Mädchens war voller Zuneigung. »Er kann

nicht sprechen, Lonnie. Irgend etwas tut ihm weh. Versuch nicht, ihn jetzt zum Sprechen zu bringen.«

»Ich muß es wissen. Ich muß es sofort wissen!« Er ging zum Kamin hinüber und füllte Suppe in eine Schale. Dann gab er die Schale dem Mädchen, während er meinen Kopf hielt. »Ich halte seinen Kopf hoch, du fütterst ihn noch ein bißchen. Vielleicht gibt ihm das genug Kraft.«

Mein Hals war zu eng, und das war schlimmer als der Hunger. Ich versuchte, den Löffel fortzuschieben. Aber Lonnie war unnachgiebig. »Schluck diese Suppe, Josh, du wirst dich danach besser fühlen. Schluck jetzt, sage ich dir, und finde dich endlich damit ab, daß du reden mußt!«

Also gehorchte ich. Ich schluckte ein wenig von der Suppe, die mir zu anderen Zeiten als Köstlichkeit erschienen wäre. In diesem Augenblick war sie völlig geschmacklos. Aber Lonnie hatte recht. Sie gab mir fast augenblicklich ein wenig Kraft.

Als ich mich stark genug fühlte, erzählte ich ihm soviel von der Geschichte, wie ich für unerläßlich hielt, damit er verstehen konnte. Lonnie unterbrach mich hin und wieder. Er wollte wissen, ob Joey so erkältet wie ich gewesen war, als er fortlief. Er fragte nach der Kleidung. Hatte Joey einen warmen Mantel? Ich erzählte ihm von den Überschuhen, und das gefiel ihm. Endlich war ich so müde, daß ich den letzten Satz nur noch flüstern konnte. »Wenn Joey nicht zurückkommt, will ich nicht mehr leben.«

Lonnie schwieg lange. »Ich weiß«, sagte er endlich. Dann fügte er mit einer Stimme, die plötzlich ganz anders war, fast heiter und zuversichtlich, hinzu: »Aber er ist nicht endgültig fort. Wahrscheinlich kommt er allein sehr gut zurecht. Die Menschen können Joey nicht widerstehen. Und wir werden ihn finden, und wenn wir den ganzen Staat Nebraska mit einem feinen Kamm durchkämmen müssen.«

Er zog Gardinen vor das Fenster, so daß der Raum im Dämmerlicht lag. »Schlaf jetzt wieder ein, Josh. Du brauchst sehr viel Ruhe. Und mach dir keine Sorgen. Ich werde mich um alles kümmern.«

Ich glaubte ihm. Mein Vertrauen zu ihm und meine Müdigkeit ließen mich für einige Zeit die Verzweiflung vergessen. Ich fiel in einen tiefen Schlaf, der viele Stunden gedauert haben muß.

Als ich die Augen wieder aufschlug, war der Raum spärlich von einer Petroleumlampe erhellt, die auf dem Tisch stand. Das Mädchen war fort, Lonnie saß neben dem Kamin, gebeugt, den Kopf in die Hände gestützt. Als ich leise seinen Namen rief, kam er zu mir und setzte sich wieder neben mich.

»Ich fühle mich besser, Lonnie.«

»Gut. Du wirst es bestimmt überstehen. Du mußt eine eiserne Konstitution haben.«

»Ich wollte Ihnen gleich sagen – lange bleibe ich nicht. Ich möchte Ihnen nicht zur Last fallen.«

»Du bleibst hier, bis du wieder völlig gesund bist. So will ich es, nicht anders.«

»Haben Sie wieder Arbeit gefunden, Lonnie?«

»Ja, ich hatte Glück. Ich werde nicht gerade reich dabei, aber meine Familie hat zu essen, und das ist heutzutage schon etwas wert.«

»Ist das Mädchen Ihre Familie?« Ich erinnerte mich, daß er von einem Mädchen gesprochen hatte, einem Mädchen, das ihn eigentlich Onkel Lonnie hätte nennen sollen, dazu aber viel zu eigensinnig sei.

»Ja. Janey ist meine Nichte. Sie ist mit vier Jahren zu uns gekommen. Ihre Eltern waren bei einem Autounfall ums Leben gekommen. Sie und meine Mutter – ihre Oma – wohnen gleich nebenan. Ich kümmere mich um sie. Sie sind alles, was ich habe.«

»Sie ist ein nettes Mädchen.« Mein allererster Gedanke über sie tat mir leid.

»Ja, richtig. Sie ist ein gutes Kind.« Er strich die Decke über mir glatt und zog mein Kopfkissen zurecht. »Sie wird hin und wieder zu dir hereinsehen, während ich tagsüber fort bin; sie und die Großmutter. Sie werden dafür sorgen, daß du deine Medizin bekommst und gut gefüttert wirst.«

Eine Zeitlang sprachen wir nicht. Dann fragte ich nach dem, was in meinen Gedanken den ersten Platz einnahm. »Lonnie, glauben Sie, daß wir Joey finden werden?«

»Da bin ich ziemlich sicher. Allzuweit fort kann er ja nicht sein. Es ist erst drei Tage her, seitdem wir dich aufgelesen haben, und in drei Tagen kann er nicht sehr weit gekommen sein. Heute nachmittag, als du geschlafen hast, habe ich die Polizei verständigt. Sie suchen ihn jetzt in Omaha und Lincoln und in allen kleineren Orten der Gegend. Wir werden ihn finden. So leicht kann uns dieser kleine Bursche nicht abschütteln. Ich habe den Eindruck, er fühlt sich ein bißchen zu erwachsen für sein Alter.«

»Er hatte recht, mich zu verlassen, Lonnie. Ich war gemein zu ihm. Ich weiß nicht, wie ich das tun konnte, was ich getan habe. Aber Joey hat das nicht verstanden. Er wußte nicht, wie krank ich war.«

»Wahrscheinlich nicht.« Lonnie sah mich nachdenklich an. Er nickte, als stimme er einem seiner Gedanken nachdrücklich zu. Dann zog er bedächtig einen Wecker auf und bereitete sich vor, in sein Schlafzimmer zu gehen. »Tu alles, was du kannst, um bald wieder zu Kräften zu kommen, Josh. Und mach dir keine Gedanken. Wir werden diesen Knaben für dich finden!«

Die Nacht hindurch lag ich wach und dachte an Joey. Ich war voller Zweifel und Hoffnungen zugleich, und ich fragte mich, ob ich wohl jemals wieder Ruhe finden könne.

Als ich am nächsten Morgen aufwachte, war Lonnie fort, doch seine Mutter kam und bereitete ein Frühstück für mich, sie wusch mich und gab mir die Medizin. Sie war eine freundliche, aber sehr stille und fast grimmig aussehende alte Frau. Ich stellte fest, daß sie fast taub war. Dadurch mochte sie noch zurückhaltender wirken, als sie vielleicht von Natur aus war. Sobald sie es mir bequem gemacht hatte, ließ sie mich allein, und ich blieb allein, bis Janey herüberkam und ein kleines Radiogerät mitbrachte.

Sie sah jetzt anders aus. Noch immer trug sie die Schürze und blaue Leinenhosen, die irgendwann einmal einem Jungen gehört haben mochten, doch ihr Haar war nicht mehr zu Zöpfen geflochten wie am Vorabend. Es hing locker herunter und war hinten mit einem roten Band zusammengebunden. Es sah sehr hübsch aus, war hellbraun und zeigte an den Enden kleine Locken. Sie wurde ein wenig rot, als sie mich begrüßte, und irgendwie verdrängte die zarte Farbe ihre Sommersprossen. Sie war tatsächlich ziemlich hübsch, und mir wurde klar, daß ich wie ein Landstreicher aussehen mußte, und anfangs war ich deswegen verlegen und ein wenig schüchtern.

Sie stellte das Radiogerät auf einen Tisch in der Nähe meines Bettes.

»Ich muß mir die erste Rede von Präsident Roosevelt anhören. Das hat unser Lehrer uns als Aufgabe gestellt. Ich habe gedacht, vielleicht würdest du das auch gern hören.«

Ich hatte längst alles vergessen, was mit Wahlen, Präsidenten und Amtseinführungen zusammenhing. Seit Monaten hatte ich kaum etwas anderes gedacht als daran, woher ich die nächste Mahlzeit nehmen sollte oder wo wir schlafen könnten, ohne zu erfrieren. Ich konnte mir durchaus nicht vorstellen, daß irgend etwas, das sich in Washington zutrug, etwas mit meinen eigenen Problemen zu tun haben könnte. Aber heute war der 4. März 1933, und ich war bereit, alles anzuhören, was meine Gedanken wenigstens vorübergehend von Joey ablenken konnte.

Als Janey den Sender einstellte, beschrieb der Sprecher gerade die Szene in Washington. Der Tag sei dort grau und trüb, erzählte er uns, doch trotz des kalten Windes hätten sich an die hunderttausend Menschen in der Umgebung des Kapitols versammelt. Es sei eine Menschenmenge mit grauen, müden Gesichtern – das glaubte ich ihm gern –, eine Menschenmenge, die für eine so große Versammlung erstaunlich still sei.

Er beschrieb den Zug, der die Pennsylvania Avenue herunterkam. In einem Wagen saßen der scheidende Präsident, Mr. Hoover, und der neugewählte Präsident, Mr. Roosevelt. »Das Gesicht Präsident Hoovers wirkt streng und ist ohne Lächeln«, sagte der Sprecher. »Er winkt nicht und zollt der Menschenmenge keinerlei Aufmerksamkeit.«

»Die Leute sind mit Präsident Hoover sehr rauh umgesprungen«, erklärte mir Janey leise. »Sie machen ihn für alles verantwortlich. Aber das ist dir doch auch klar, daß ein Mann allein gar nicht dieses ganze Elend anrichten konnte. Warum müssen sie jetzt alles auf Präsident Hoover schieben?«

Ich schüttelte den Kopf und hoffte, sie würde schweigen, damit ich weiter zuhören konnte. Der Sprecher fuhr fort: »Diejenigen, die ganz in seiner Nähe sind, sagen, daß Mr. Roosevelt so aussieht, als sei er in tiefe Gedanken versunken. Er und Mr. Hoover reden nicht miteinander. Der gewählte Präsident scheint die abweisende Haltung von Mr. Hoover zu übernehmen.«

Wir lauschten lange der Beschreibung des Sprechers. Dann sagte er endlich ganz aufgeregt, Mr. Roosevelt gehe jetzt langsam eine Rampe hinunter und stütze sich dabei auf den Arm seines Sohnes. »Er ist nämlich verkrüppelt, weißt du«, flüsterte Janey mir zu. »Viele Menschen wissen es gar nicht, weil er nie darüber spricht, und er tut auch nicht so, als wäre er anders als andere Menschen. Aber er ist anders. Kinderlähmung. Er kann nicht allein gehen.«

Die Stimme des Sprechers klang jetzt sehr gespannt. »Das Musikkorps der Marine hat soeben die Präsidentenhymne beendet«, sagte er leise. »Charles Evans Hughes, der Oberste Richter, erwartet Mr. Roosevelt, dieser großartige Charles E. Hughes, der im Jahre 1916 beinahe selbst Präsident geworden wäre.«

»Wußtest du das?« fragte mich Janey, und auch ihre Stimme klang erregt. »Die Leute sagten schon Präsident Hughes zu ihm, und dann liefen die letzten Zahlen ein, und Woodrow Wilson wurde Präsident.«

Endlich war sie still, und ich konnte den Sprecher wieder verstehen. »Der Wind läßt das weiße Haar des Richters wehen. Mr. Roosevelt ist sehr blaß. Jetzt legt er die rechte Hand auf die Bibel . . .«

Ich fühlte mich seltsam bewegt. Vielleicht lag es daran, daß ich so schwach war, doch während ich die fremde Stimme hörte, die so anders war als alle Stimmen, die ich bisher im Leben gehört hatte, als ich hörte, wie der Präsident dem Obersten Richter den Eid nachsprach, fühlte ich, daß mir Tränen in die Augen traten. Die fremden Worte klangen feierlich: »Ich, Franklin Delano Roosevelt, schwöre feierlich – daß ich das Amt des Präsidenten der Vereinigten Staaten getreulich ausüben – und nach meinen besten Kräften die Verfassung der Vereinigten Staaten bewahren, beschützen und verteidigen werde –, so wahr mir Gott helfe.«

Janey tat, als bemerke sie nicht, wie tief bewegt ich war. Sie saß da wie ein Junge, rittlings auf dem Stuhl, die Arme über die Lehne gehängt. »Also gut, Mr. Roosevelt«, murmelte sie. »Ich hab' dafür gesorgt, daß Lonnie Sie gewählt hat. Und nun lassen Sie mal sehen, was Sie können!«

Der neue Präsident sprach: »Dies ist ein Tag nationaler Wandlung . . .«, sagte er. Ich fragte mich, was Mr. Hoover dabei dachte. Ich lauschte weiter, verstand nicht alles, was er sagte, doch dann wurde ich plötzlich eines Satzes bewußt, der mich sehr persönlich zu betreffen schien: ». . . Wir haben nur eines zu fürchten, nämlich die Furcht, die namenlose, unvernünftige, unbegründete Furcht . . .«

»Nicht unbegründet, Herr Präsident«, dachte ich. »Die Furcht war nicht unbegründet. Aber das wissen Sie nicht.«

Dann wieder seine Rede: »Die Nation verlangt Taten, und sie verlangt sie jetzt . . . Wir müssen vorangehen wie eine gut ausgebildete und treue Armee und bereit sein, zum Nutzen einer gemeinsamen Disziplin Opfer zu bringen . . .«

Janey machte sich ein paar Notizen für den Unterricht am Montag, und wir hörten zu, bis die Rede vorüber war. Dann schaltete sie das Gerät aus und sah mich an. »Nun?«

»Ich habe nicht alles verstanden«, antwortete ich, »aber was ich verstanden habe, läßt mich ein bißchen hoffen. Er scheint Pläne zu haben, und anscheinend will er etwas gegen die Schwierigkeiten unternehmen.«

»Wenn Lonnie zu mir über Roosevelt spricht, dann sagt er immer: ›Ja, vielleicht. Aber das Vielleicht ganz groß geschrieben und mit einem Fragezeichen dahinter!‹ Lonnie ist da nicht so sicher. Aber ich – also ich habe viel Vertrauen zu dem Mann. Warum, das weiß ich auch nicht, aber ich habe einfach das Gefühl, daß er etwas Gutes für uns tun wird.«

Sie sah so seltsam aus, so halb jungenhaft, halb mädchenhaft und kindlich. Ihr Gesicht war sehr ernst. »Ich wünschte, ich könnte ihm helfen. Ich wünschte, ich wäre eine Frau, und er würde mich bitten, in seine Regierung einzutreten. Ich möchte ihm so gern helfen, daß alles wirklich in Schwung kommt.« Sie sah mich mißtrauisch an. »Jetzt hältst du mich für ziemlich dumm, wie?«

»Nein, bestimmt nicht.«

»Du hast gelächelt. Es ist das erste Mal, daß ich ein Lächeln bei dir gesehen habe.«

»Ich glaube, ich sehe von Natur aus ein bißchen düster aus.«

»Du bist wie Lonnie. Er ist auch immer ernst, aber wenn ich mich über Politik aufrege, muß er grinsen.«

»Das liegt daran, daß die meisten Mädchen sich in deinem Alter wohl kaum um Politik kümmern.«

Sie nickte. »Ich weiß. Darum halten mich die meisten anderen in meiner Klasse auch für ziemlich verrückt.«

»Ich glaube kaum, daß viele Mädchen ihrem Onkel sagen, was er wählen soll.«

Sie grinste mich ein wenig verlegen an. »Na ja, da habe ich ein bißchen übertrieben«, gab sie zu.

»Aber ich wette, daß Lonnie tatsächlich beinahe alles tut, was du ihm sagst.«

»Fast alles, ja.« Ihre Lippen verzogen sich ein wenig. »Großmutter sagt, ich könnte ihn um den Finger wickeln, aber das tue ich nicht. Ich möchte die Menschen nicht beherrschen, ich möchte sie lieber überzeugen.«

Darüber mußte ich lachen. Es schien so lange her zu sein, daß ich zum letztenmal gelacht hatte, daß es mich selbst überraschte. Janey sah erfreut aus.

»Es geht dir schon viel besser«, kommentierte sie.

»Es liegt an dir, daß ich mich viel besser fühle«, erklärte ich ihr.

Daraufhin errötete sie heftig, doch sie benahm sich deswegen nicht albern, sondern blieb sitzen und sah mich wohl eine Minute an. Dann sagte sie: »Lonnie hatte einmal einen Jungen. Als wir hinübergefahren sind, um dich abzuholen, erzählte er mir, daß du genau in dem Alter seiest, in dem Davy jetzt wäre.«

Ich glaubte nicht, daß ich über Lonnies Jungen sprechen sollte, also schwieg ich. Nach einer Weile fuhr sie fort: »Ich habe Davy so sehr geliebt, und Tante Helen auch. Sie war für mich wie eine richtige Mutter. Aber nach Davys Tod war sie nicht mehr dieselbe. Sie schien mich nicht mehr so zu lieben wie zuvor, und ich glaube, daß sich irgend etwas zwischen ihr und Lonnie zugetragen hat. Großmutter redet nicht darüber, und ich frage Lonnie nicht nach Dingen, die mich nichts angehen. Aber ich denke oft an Tante Helen, und manchmal sehne ich mich richtig nach ihr.«

An diesem Nachmittag sprachen wir sehr lange miteinander. Sie gab mir meine Medizin, wenn ich husten mußte, und sie sorgte für das Feuer, damit es im Zimmer warm blieb. Sie war über ein Jahr jünger als ich, und eigentlich kam sie mir so klein wie Joey vor; aber es gab auch Augenblicke, in denen hätte sie älter sein können als ich.

Dann spielten wir zwei Partien Schach. Beim erstenmal schlug sie mich unbarmherzig, beim zweitenmal überließ sie mir allzu offensichtlich den Sieg. Danach las sie mir vor, meistens aus der Zeitung, und sie besaß eine schöne Stimme. Ich schloß die Augen und hörte ihr lange zu; dann schlief ich ein, und als ich wieder aufwachte, war sie dabei, etwas zum Abendessen vorzubereiten.

Während ich ihr zusah, dachte ich an Emily. Sie war nicht so schön wie Emily, nicht annähernd so schön. Aber es war etwas Warmes und Freundliches an ihr. Ich fragte mich, ob ich mich wohl jemals in Janey verlieben könnte. Ich glaubte es

zwar nicht, aber ich war doch nicht ganz sicher. Ich fragte:
»Janey, trägst du manchmal Ohrringe?«

Sie wandte sich nicht einmal nach mir um, als sie antwortete: »Da würde ich mir schön blöd vorkommen.« Womit die
Frage geklärt zu sein schien. Das Mädchen, das ich lieben
wollte, mußte Ohrringe tragen.

Dann dachte ich an Joey, und solche Dinge wie Ohrringe
und Mädchen und sogar Lonnie und Geborgenheit bedeuteten
dagegen weniger als nichts.

9

Nacht für Nacht lag ich in dieser Genesungszeit wach und
quälte mich mit dem Gedanken an Joey. Angestrengt versuchte
ich, an etwas anderes zu denken, ich versuchte mir einzureden,
daß Lonnie selbstverständlich Joey finden werde, daß sich alles
wieder einrenken ließ, daß wir einen Platz finden würden, an
dem wir sicher und bequem miteinander leben könnten. Ich
versuchte, Pläne für unsere Zukunft zu schmieden, für Joeys
und meine; aber es gelang mir nicht. Immer wieder drängten
sich Erinnerungen hervor und ließen mich einsam und verzweifelt werden. Ich dachte an Joey und Howie, damals, an
der Straßenecke in Chicago: Joey sang und geriet manchmal
ein bißchen aus dem Takt, Howie begleitete ihn auf dem Banjo
und lächelte Joey an, als wären sie wohlgenährt und sorgen-
frei, als erlaubten sie sich nur einen kleinen Spaß, ehe sie nach
Hause in die Geborgenheit und zu einem guten, kräftigen
Abendessen zurückkehrten. Meine Erinnerungen sprangen hin
und her; Joey zwinkerte mir vom Rücksitz in Charleys Cadillac zu; Joey strahlte Emily an, als er ihr unsere Dose mit dem
Geld gab; Joeys Augen funkelten mich an jenem letzten Abend
an, als er mir sagte, ich sei gemein und solle mich zum Teufel
scheren.

Jeden Abend, wenn Lonnie heimkam, stellten ihm meine

Augen dieselbe Frage; ich brauchte die Frage nicht erst in Worte zu fassen. Und jeden Abend schüttelte er den Kopf, und seine Entmutigung zeigte sich in seinem Gesicht und in seiner ganzen Haltung. Er fragte in allen Fürsorgeheimen nach. Irgend jemand konnte Joey auf der Straße aufgegriffen und die lokalen Behörden verständigt haben. Gemeinsam mit der Polizei durchforschte er jeden Ort in einem Umkreis von fünfzig Meilen. Niemand hatte eine Spur von Joey gefunden.

»Er kann natürlich auch per Anhalter nach Hause gereist sein«, überlegte Lonnie eines Abends. »Von hier aus fahren viele Lastwagen nach Chicago. Eigentlich wäre das klug gewesen, und Joey ist klug. Vielleicht ist das die Lösung!«

Ich glaubte es nicht. Zwar konnte ich nicht allzu fest behaupten, daß Joey mich noch immer liebte, doch irgendwie war ich davon überzeugt, daß er mich suchte, daß er nie wie ein verängstigter kleiner Junge nach Hause laufen würde, um zuzugeben, daß er sich mit mir überworfen habe und es allein nicht schaffe. Das war nicht seine Art, wenn ich auch um seiner Sicherheit willen fast wünschte, daß es sich so abgespielt hätte. Lonnie bestand jedoch darauf, daß keine Möglichkeit ungeprüft blieb, also gab ich ihm unsere Heimatanschrift, und er verbrachte am Abend lange Zeit damit, einen Brief zu schreiben.

Janey half mir oft aus meiner düsteren Stimmung. Fast jeden Nachmittag kam sie herüber und besuchte mich. Gegen drei Uhr lauschte ich immer auf das Türenknallen im Nachbarhaus, das bedeutete, daß Janey von der Schule zurück war. Dann, kurze Zeit später – nur gerade die Zeit, die sie brauchte, um ihre Schuluniform auszuziehen und in etwas zu schlüpfen, das sie lieber mochte – erschien sie, schlank und rank, in jungenhaften Kleidern, das schöne Haar offen. Sie kam in die Küche gelaufen, in der ich lag, manchmal mit ofenheißen Brötchen von der Großmutter, manchmal mit Keksen und Erdnußbutter, und dann aßen wir gemeinsam, tranken ein Glas Milch und den Rest des Morgenkakaos, den Lonnie für uns auf dem Herd zurückgelassen hatte.

Sie brachte mich zum Reden, ob ich mochte oder nicht. Sie wollte alles über meine Musik wissen, sie fragte nach allem, was Joey und ich seit unserem Fortgehen von zu Hause erlebt hatten, sie wollte alles über Kitty wissen, über Howie, über Edward C. Sie zog sich einen Stuhl an mein Bett, saß rittlings darauf und hörte aufmerksam allem zu, was ich ihr erzählte.

Als sie eines Nachmittags so bei mir saß, trommelte sie mit den Fingern nachdenklich auf die Stuhllehne, und wenn ich zu sprechen aufhörte, war auch sie still. Plötzlich glitt sie auf den Fußboden hinunter, saß mit übergeschlagenen Beinen da, das Gesicht in gleicher Höhe mit dem meinen.

»Was hast du an dem ersten Nachmittag, an dem wir miteinander gesprochen haben, mit dieser Bemerkung über Ohrringe gemeint, Josh?« fragte sie.

»Ich weiß nicht. Irgendein dummer Gedanke«, antwortete ich. Emily hatte ich ihr gegenüber niemals erwähnt.

»Ach, hör doch auf! Du kennst irgendeine hübsche Frau, die Ohrringe trägt, nicht wahr?«

»Ja. Aber das war kein Mädchen wie du. Es war eine Frau im Vergnügungspark da unten in Louisiana.«

»Hast du sie geliebt, Josh?«

Ich antwortete nicht sofort. Dann sagte ich: »In gewisser Weise ja, glaube ich. Ich bin nicht sicher. Vielleicht war ich einfach zu allein.«

Sie drückte kleine Falten in die Enden der Wolldecke, die über meinen Bettrand hingen, strich sie dann wieder glatt und fing von vorn an.

»Die Leute – Jungens meine ich, die lieben Mädchen nur, wenn sie hübsch sind, wie?«

»Ich weiß nicht viel über Liebe und – Mädchen, Janey. Aber du brauchst dir über dein Aussehen wirklich keine Gedanken zu machen.«

Eine Minute blieb sie nachdenklich, dann seufzte sie. »Heute mittag habe ich im Warenhaus ein Paar Ohrringe anprobiert, Josh. Ich hatte recht. An mir sahen sie einfach verrückt aus.«

In diesem Augenblick kam sie mir unglaublich jung vor, und ich wollte gern freundlich zu ihr sein, wie Emily es zu mir gewesen war. »Du brauchst keine Ohrringe, Janey. Du bist hübsch und nett. Ich glaube, daß überhaupt nur ältere Frauen Ohrringe brauchen.«

Sie wurde sehr rot, als ich ihr das sagte. Ich mochte dieses Erröten, das sich über ihr ganzes Gesicht ausdehnte, bis hin zu dem Teil des Nackens, den der Hemdkragen freiließ. Aber ich sah auch, daß sie hilflos und verlegen war; gar nicht mehr die selbstsichere Person, die über Gewerkschaften sprach und darüber, was Herbert Spencer von der Hilfe für die Armen hielt. Sie sah vielmehr wie ein unglückliches kleines Kind aus, das nicht recht wußte, was es nun tun sollte. In diesem Augenblick empfand ich große Zärtlichkeit für Janey, und weil ich sie gern beruhigen wollte, streckte ich meine Hand nach ihrer aus. Als unsere Hände sich begegneten, hob sie meine hoch und preßte sie gegen ihre Wange.

Danach lief sie schnell hinaus, und sie kam auch nicht wieder, bis sie gemeinsam mit der Großmutter das Abendessen zubereitete. Um die Wahrheit zu sagen: Wir aßen immer wesentlich besser, wenn die Großmutter beim Kochen half, als wenn Janey es allein besorgte. Diesmal war es ein ausnehmend gutes Abendessen; Lonnie sprach mehr als gewöhnlich, und selbst Großmutter lächelte hin und wieder. Einmal deutete sie mit dem Finger auf mich und sagte: »Wenn mein Mädchen stört, weil sie jeden Nachmittag hier herübergelaufen kommt, brauchst du es mir nur zu sagen, dann sorge ich dafür, daß das aufhört.«

Lonnie warf zuerst mir, dann Janey einen schnellen Blick zu. Wir waren beide sehr still gewesen, und ich glaube, daß wir bei den Worten der Großmutter auch beide sehr rot wurden. Als Janey die Kaffeekanne zu Lonnie brachte, merkte ich, daß er ihr den Arm um die Hüften legte und sie an sich zog. Sie beugte sich vor und küßte ihn ganz leicht auf die Stirn. Es wirkte fast so, als sagten sie einander etwas mit diesen Gesten.

Als wir an diesem Abend allein waren, sprachen Lonnie und

ich lange miteinander. Wir sprachen über Joey und über die Pläne, die Lonnie sich für den Fall zurechtgelegt hatte, daß mein Bruder inzwischen nicht zu Hause aufgetaucht war. Lonnie schien durchaus optimistisch zu sein, während wir alles besprachen.

»Auf jeden Fall können wir mit einiger Sicherheit ausschließen, daß er verhungert oder erfroren ist. Gott sei Dank hat man in keinem der Orte, mit denen ich Verbindung aufgenommen habe, einen toten blonden Jungen gefunden. Ich glaube nicht, daß Joey weiter nach Westen gegangen ist. Wenn er überhaupt aus diesem Teil des Landes fortwollte, dann ist er in Richtung Norden und nach Chicago gegangen.«

»Kann er nicht auch versucht haben, wieder in den Süden zu gelangen? Er mochte Pete Harris und Edward C. und – und Emily sehr gern. Vielleicht wollte er wieder zu ihnen.«

»Mit Harris stehe ich in Verbindung«, antwortete Lonnie. »Wenn Joey dort auftauchen sollte, wird Harris uns sofort verständigen. Er war sehr aufgeregt, als ich ihm das mit Joey erzählte.«

»Sie haben ein Ferngespräch mit Baton Rouge geführt, Lonnie?« fragte ich ungläubig. Meine Schulden bei ihm schienen schnell zu wachsen. Ich fragte mich, wie ich sie jemals zurückzahlen sollte.

»Ja, ja, reg dich nicht auf, so schlimm war das gar nicht. Außerdem müssen wir diesen Jungen finden, ganz gleich, was es kostet, auch wenn wir alle für den Rest unseres Lebens nur noch von Bohnen leben müssen.«

Bis zur Schlafenszeit saß ich in dem großen Schaukelstuhl. Lonnie zog mich nahe an das Feuer und setzte sich auf einen der Küchenstühle.

»Janey sitzt auch gern so«, sagte ich lächelnd. Eigentlich hatte ich nicht beabsichtigt, ihren Namen zu erwähnen, doch ich vergaß es jetzt.

»Das hat sie von mir gelernt. Sie hat mich immer nachgeäfft, seit sie mir bis ans Knie reichte; sie – und der Junge auch.« Er beugte sich vor und richtete etwas am Herd. »Sie sollte jetzt wohl mehr Kleider tragen und sich wie eine Dame hinsetzen. Schließlich wächst sie allmählich heran. Ich muß einmal mit ihr sprechen.«

»Sie ist ein sehr intelligentes Mädchen«, sagte ich schwach, weil ich im Moment nicht an Janeys Intelligenz dachte. Ich erinnerte mich noch an das Gefühl, ihre weiche Wange an meiner Hand zu spüren.

Lonnie beugte sich vor und legte das Kinn auf die Stuhllehne. »Sie hält eine Menge von dir, Josh, wie?«

»Ich weiß nicht. Vielleicht. Aber ich mag sie. Ist das in Ordnung?«

Er atmete tief. Mir war einmal aufgefallen, daß er aussah, als bereite ihm irgend etwas Sorgen. Aber seine Stimme klang ganz froh, als er antwortete.

»Ja, das ist in Ordnung. Selbstverständlich ist das in Ordnung. Ihr kommt beide in ein Alter, in dem es leichtfällt, sich zu verlieben. Das ist ganz natürlich und gut so. Das gehört eben auch dazu, nehme ich an. Es erinnert mich daran, wie ich Davy zum erstenmal erlaubte, allein die Straße zu überqueren und zum Kindergarten zu gehen. Ich wußte, daß es sein mußte, aber leicht war es trotzdem nicht.« Er schwieg ein Weilchen, dann fuhr er fort: »Ich schätze dich sehr, Josh, und ich mag dich. Wenn das anders wäre, dann würde ich Janey nicht soviel Zeit hier bei dir verbringen lassen.«

»Ja, ich weiß, was Sie meinen«, antwortete ich.

»Du bist über ein Jahr älter als Janey. Sie ist noch nie mit einem Jungen gegangen. Wahrscheinlich hast du auf diesem Gebiet ein bißchen mehr Erfahrungen.«

Ich lachte. »Ich hatte nie im Leben ein Mädchen, ich habe mich immer vor ihnen gefürchtet. Es ist schön, daß ich mich vor Janey nicht fürchte.«

»Und was war mit der jungen Dame da im Vergnügungspark? Ich meine die mit den Ohrringen?«

»Hat Janey Ihnen davon erzählt?«

»Sie hat es erwähnt. Sie hat mich gefragt, ob sie ein bißchen Geld haben könne, um sich ein Paar Ohrringe zu kaufen. Und das, weil Josh einmal eine hübsche junge Dame gekannt hat, die Ohrringe trug.«

Ich sagte nichts, und wir saßen eine Weile stumm beieinander.

»Du möchtest nicht gern über das Mädchen dort sprechen?«

»Lieber nicht«, antwortete ich.

»Ist gut, dann lassen wir es bleiben.« Er lächelte und stand auf. »Du solltest jetzt besser zu Bett gehen. Wir wollen dich nicht übermüden. Bis jetzt bist du noch ein bißchen wacklig.«

Die nächsten Tage verliefen ganz ähnlich, abgesehen davon, daß Janey jetzt Kleider trug, wenn sie zu mir kam, und daß sie in einer Art auf dem Stuhl saß, die ihr Lonnie vermutlich als damenhaft geschildert hatte. Wir sprachen über mancherlei, aber wir erwähnten niemals Ohrringe, Liebe oder eine warme Mädchenwange an einer Jungenhand.

Täglich erwartete ich den Postboten und hoffte auf einen Brief von den Eltern. Dabei war mir zugleich bewußt, daß ich nach der langen Zeit, in der ich nicht geschrieben hatte, keinen Brief verdiente. Aber eines mußte ich wissen, selbst wenn ich deswegen schreiben und um einen Brief betteln mußte: Ich mußte wissen, ob sie etwas von Joey wüßten. Mehr und mehr neigte ich Lonnies Gedanken zu, Joey könnte nach Hause gegangen sein; mehr und mehr hoffte ich, daß er den richtigen Gedanken gehabt hatte.

»Vielleicht werden sie mir niemals verzeihen«, dachte ich. »Gut, das kann ich ertragen. Ich kann alles ertragen, wenn ich nur weiß, daß Joey wohlbehalten bei ihnen ist, daß er es warm hat und ein Dach über dem Kopf und regelmäßig zu essen.«

Der Brief kam an einem stürmischen Nachmittag, als ich allein war. Er war in Mutters Handschrift an Lonnie adressiert. Ich saß in der stillen Küche und wartete darauf, daß Lonnie heimkäme, drehte den Umschlag immer wieder in den Händen, sah in Gedanken das Zimmer zu Hause und den Tisch, an dem Mutter gesessen hatte, um den Brief zu schreiben.

Als Lonnie zum Abendessen heimkam, war Janey bei mir, und wir standen dicht beisammen und wagten kaum zu atmen, als er den Umschlag aufriß. Es war noch ein weiterer Brief darin, den er mir gab. Ich hielt ihn fest in der Hand und hörte zu, was Mutter an Lonnie schrieb.

Sie hatte von Joey nichts mehr gehört, seit wir von Baton Rouge weg waren. Sie erzählte Lonnie, daß sie täglich darauf warte, von einem von uns eine Zeile zu bekommen, doch es sei, als habe uns eine große Finsternis verschluckt. Sie dankte ihm, daß er sich während meiner Krankheit um mich gekümmert habe, und sie bat ihn, sie wissen zu lassen, sobald wir irgend etwas über Joey erführen. Lonnie las einen Teil des Briefes noch einmal leise, dann faltete er ihn sorgfältig zusammen und schüttelte den Kopf, als er ihn in seine Jackentasche schob.

Sobald ich den Brief entfaltete, den Mutter für mich bestimmt hatte, fand Lonnie einen Vorwand für Janey und sich, die Küche zu verlassen, damit ich allein blieb. Als sie gegangen waren, saß ich im Halbdunkel, hielt den Brief in der Hand, wollte ihn gern lesen und fürchtete doch, nicht ertragen zu können, was Mutter mir schrieb.

Endlich schaltete ich die Birne ein, die von der Küchendecke herunterhing, und breitete die eng beschriebene Seite vor mir auf dem Tisch aus.

Zuerst sagte sie, ich solle ihr glauben, daß sie mich liebe, und daß sie nie mehr glücklich sein werde, ehe Joey und ich nicht wieder zu Hause seien. Danach sprach sie über Vater. Ich würde ihn nicht wiedererkennen, sagte sie; er sehe wie ein alter Mann aus vor Sorge und Reue und Angst um seine Jungen. Er habe eine Gelegenheitsarbeit gefunden – keine besonders gute Stellung und nichts Festes, aber sie glaube, die Arbeit habe ihn bei klarem Verstand gehalten.

Kitty hatte jetzt eine Stelle als Stenotypistin in der Stadt; sie lasse mich grüßen und bitten, ich solle Joey finden und dann mit ihm heimkommen. »Deine Schwester liebt dich sehr, Josh. Sie leidet mit Vater und mir, wenn wir keine Nachricht von euch haben.«

Als sie mir von ihrer Arbeit erzählte, klang fast ein Lachen aus den Zeilen – ein Lachen, das man früher so oft von ihr gehört hatte.

»Deine Mutter hat jetzt mit einigen von diesen anrüchigen Gestalten in Chicago zu tun, mein lieber Junge. Ich habe auf eine Zeitungsanzeige geantwortet und gebe jetzt der Frau eines der bekannteren Gangster in der West Side Musikunterricht. Sie ist eine stille und hübsche junge Frau, aber musikalisch ist sie nicht gerade begabt. Ich glaube, sie ist einsam, und vielleicht hat sie auch Angst. Es ist offensichtlich, daß sie eher für meine Gesellschaft als für meinen Unterricht bezahlt, doch sie ist immer sehr freundlich und großzügig gewesen. Sie hat auch fünf oder sechs weitere Schüler für mich gefunden, und das Geld ist ein wahres Gottesgeschenk . . .«

Am Ende des Briefes sagte sie: »Dein Vater hat keine Nacht mehr richtig geschlafen, seit ihr fort seid, Josh. Ich bitte dich seinetwegen und auch meinetwegen, zu verzeihen und zu verstehen, was sich zugetragen hat. Ohne diese Verzeihung und dieses Verstehen werden weder Vater noch ich wieder froh werden.«

Ich las den Brief zum drittenmal, als Lonnie und Janey wieder in die Küche kamen. Inzwischen regnete es so stark, daß die Fensterscheiben wie Blei aussahen, wenn die Wasserfluten dagegen klatschten. Lonnie zündete eine Lampe an und setzte sich in den Schaukelstuhl. Er konnte die Glühbirne, die an der Decke hing, nicht ausstehen. Die Petroleumlampe war ihm lieber. Sie gab ein weicheres, schöneres Licht, doch der Abend war so düster, daß jedes Licht, ob nun grell oder sanft, angesichts unserer düsteren Stimmung wenig bewirken konnte.

Janey schaltete das Radiogerät ein, das sie in letzter Zeit bei mir gelassen hatte, damit ich hören konnte, während ich tagsüber allein blieb. Eine Band spielte, und eine ziemlich irrsinnig klingende Frauenstimme sang etwas vom Leben, das wie eine Schale voller Kirschen sei. Janey lauschte einen Augenblick, dann verzog sie wegen der Sängerin die Nase und schaltete auf einen anderen Sender um. Wir lehnten uns zurück, waren nicht sonderlich an der Sendung interessiert, bis ein Satz unsere Aufmerksamkeit fesselte. Ein Mann sprach, und er hatte gerade die »Kinder der Landstraße« erwähnt. Es schien sich um einen Kommentar zu handeln, und ich war sofort daran interessiert.

»Es ist eine ständig wachsende Armee«, sagte er. »Hunderte von ihnen sind in diesem Winter auf den Straßen unterwegs, die meisten sind Jungen zwischen zehn und fünfzehn Jahren. Auch ein paar Mädchen sind darunter, wenn auch nicht viele. Vielleicht eines unter zwanzig. Dann sind aber auch kleinere Kinder dabei, manche von ihnen so jung, daß man sich wundert, wie sie bisher überleben konnten. Diese Kinderarmee stammt aus allen Teilen des Landes. Sie kommen aus den Städten, in denen die Arbeitslosigkeit des Vaters oft zu wenig Nahrung für zu viele Münder bedeutet. Sie kommen von den Bauernhöfen, wo die niedrigen Preise sich so verhängnisvoll auswirken wie die Arbeitslosigkeit für die Städter. Sie wissen nicht, wohin sie gehen, sie wissen nicht, warum sie sich ein bestimmtes Ziel ausgesucht haben. Sie gehen nur weiter zur nächsten Haustür. Vielleicht bekommen sie dort ein Stück Brot; vielleicht hören sie nur Schimpfworte. Dann gehen sie weiter, um in der nächsten Sandhöhle oder in einer leeren Kiste ein Lager für die Nacht zu finden.

Sie springen auf Güterzüge, und dabei werden Dutzende von ihnen getötet oder verkrüppelt. Sie reisen per Anhalter. Sie betteln und stehlen und kämpfen untereinander. Sie sind halb verhungert, unzureichend gekleidet, anfällig für Krankheiten, die Unterernährung und Witterung mit sich bringen. Sie sollten eigentlich in warmen und bequemen Heimen sein, sie sollten zur Schule gehen. Statt dessen kämpfen sie sich durch einen eiskalten Winter, und sie können schon froh sein, wenn es ihnen von einem Tag zum anderen gelingt, am Leben zu bleiben.

Hier in Omaha wurde die Polizei heute nachmittag in eine verfallene Scheune gleich außerhalb der Stadtgrenze gerufen, weil dort der heftige Wind, der die heutigen Regenfälle begleitete, eine Wand zum Einsturz gebracht hat. Ein Vierzehnjähriger wurde unter einem schweren Eichenbalken eingeklemmt. Der Junge wurde geborgen und alsbald in ein Krankenhaus geschafft. Die Ärzte bezeichnen seinen Zustand als kritisch. Von den anderen acht Kindern, die während der letzten drei Tage in dieser Scheune gehaust haben, leiden fünf an Unterernährungserscheinungen verschiedener Grade. Zwei von ihnen sind zwölfjährige Vettern, die behaupten, in Des Moines in Iowa zu Hause zu sein. Ein weiterer war ein zehnjähriger Junge aus Chicago, der, nach den Worten des Reporters, wie ein halbverhungerter Engel mit einem blonden Haarschopf und einem Banjo anstelle der Harfe aussah...«

Ich glaube nicht, daß ich einen Laut von mir gab, doch ich spürte einen Schrei in mir. Lonnie sagte: »Mein Gott, das ist Joey! Das muß Joey sein!«

Erst nach einer ganzen Zeit hörte ich wieder die Worte aus dem Radio: »...weckte das Mitleid vieler Bewohner von Omaha, die heute abend diesen verzweifelt notleidenden Kindern ihre Türen geöffnet haben. Einige der Jungen von der Landstraße sind heute abend in guten Händen. Aber es sind nur wenige. Hunderte anderer sind draußen auf den Feldern, auf den Landstraßen, in den Elendsvierteln der Städte. Sie plündern Abfallkübel; sie verbrennen alles, was sie finden können, um sich zu wärmen. Seit den Kreuzzügen haben nicht mehr so viele Kinder so grausam gelitten, und dies geschieht in den Vereinigten Staaten von Amerika im Jahre des Herrn 1933.«

Lonnie zog seinen Mantel über. »Ich fahre zum Funkhaus. Mal sehen, was sie dort wissen. Dort kann man mir bestimmt sagen, mit welchen Leuten ich Verbindung aufnehmen muß. Ich werde ihn finden. Ich finde diesen Jungen, und wenn es die ganze Nacht oder die ganze Woche dauert...«

»Lassen Sie mich mitkommen, Lonnie«, bat ich.

»Sei kein Narr, Josh!« Seine Stimme klang streng. »Meinst du vielleicht, ich möchte, daß du einen Rückfall erleidest, während wir noch nicht einmal wissen, was mit Joey ist? Du bleibst hier. Ich habe auch so schon genug Sorgen.«

Er ging hinaus, und durch das Geprassel des Regens hörten wir seinen Wagen starten. Janey legte mir die Hand auf den Arm. »Er ist ganz aufgeregt, Josh. So war er auch in der Nacht, als wir dich gefunden haben. Er hat mir fast den Kopf abgerissen, weil ich ihm nur ein paar Fragen über dich gestellt habe.«

Ich setzte mich und war plötzlich sehr müde. »Wir bedeuten nur Sorgen und Ausgaben für ihn«, sagte ich. »Der Gedanke gefällt mir ganz und gar nicht.«

Sie setzte sich neben mich auf die Bank hinter dem Herd, wir verschränkten unsere Hände. Irgendwie kam uns das ganz natürlich vor. Das Lampenlicht füllte den Raum mit Schatten.

»Soll ich reden oder still sein?« fragte Janey.

»Sei still«, antwortete ich.

»Soll ich bleiben oder lieber gehen und dich allein lassen?«

»Ich möchte, daß du bleibst, Janey. Ich möchte es sehr. Bleib nur hier und sei still.«

Sie nickte, und wir saßen lange dicht beieinander, ohne uns zu rühren. Großmutter kam später herüber, um die Hemden zu bügeln, die Lonnie ihr in einem großen Waschkorb mitgebracht hatte. Mit dieser Arbeit konnte sie ein wenig Geld verdienen und zum Lebensunterhalt beitragen. Ich dachte, daß die Großmutter es vielleicht nicht gern sähe, daß Janey und ich Hand in Hand saßen, doch sie schien es völlig in Ordnung zu finden. Zu Janey sagte sie: »Es ist so wie damals, als wir unseren Davy noch hatten. Dann habt ihr auch da auf der Bank gesessen und euch bei den Händen gehalten. Erinnerst du dich?«

Janey nickte der tauben alten Frau lächelnd zu, dann wandte sie sich an mich. »Sie hat recht, weißt du. Davy und ich haben oft so hier gesessen. Besonders, wenn einer von uns oder auch beide ausgescholten worden waren. Dann saßen wir nur, hielten uns bei den Händen und starrten vor uns hin. Lonnie und Tante Helen behaupteten immer, das sei einfach entnervend gewesen, und wahrscheinlich war das auch unsere unbewußte Absicht.«

»Du hast ihn wohl sehr gern gemocht?«

»Ich hab' ihn angebetet. Er war gerade um soviel älter als ich, daß ich alles, was er tat, für richtig hielt. Alles selbstverständlich, was mich nicht störte. Wir haben uns manchmal gestritten; nicht oft, aber wenn es dazu kam, dann war es immer ein heftiger Kampf.«

Wir sagten nichts mehr. Ich sah Großmutter zu, wie sie ein heißes Bügeleisen aus dem Herd nahm und es langsam über das weiße Hemd hin- und herführte, am Kragen kleine Kurven beschrieb, dann langsam und schwer über die Hemdbrust fuhr. Der Regen prasselte noch immer beharrlich gegen die Fensterscheiben, obwohl man längst meinen mußte, es könnte gar kein Wasser mehr am Himmel sein. Mir schien es, als wäre Lonnie schon seit einer Ewigkeit fort, und ich fragte mich, was geschehen sein konnte. Vielleicht war alles ein Irrtum gewesen? Vielleicht gab es durch irgendeinen schrecklichen Zufall noch einen anderen blonden Jungen aus Chicago, der ein Banjo bei sich trug?

Wir warteten Stunde um Stunde. Um neun Uhr fiel Janey ein, daß wir nicht zu Abend gegessen hatten, und so füllte sie Suppe in Näpfe, und wir drei aßen ein wenig. Um zehn Uhr hängten sie und Großmutter eine lange Reihe von Hemden auf, jedes auf einen eigenen Bügel. Da hingen sie nun in Lonnies Schlafzimmer und warteten darauf, am nächsten Morgen eingepackt und mitgenommen zu werden. Großmutter schlang sich einen Schal um die Schulter und winkte Janey. »Wir müssen jetzt gehen. Es kann spät werden, bis Onkel Lonnie heimkommt. Du gehörst ins Bett.« Sie kam zu mir, und zu meiner Überraschung beugte sie sich nieder und küßte mich auf die Stirn. »Seit du da bist, habe ich immer für deinen kleinen Bruder gebetet, Josh. Heute werde ich es auch tun«, sagte sie. Ich fragte mich, wie ich sie jemals für mürrisch und verschlossen hatte halten können.

Als sie gegangen waren, umkreiste ich wohl ein dutzendmal oder öfter den Raum, blieb am Fenster stehen, sah in die Nacht hinaus, ging zur Bank zurück, auf der Janey und ich gesessen hatten. Nach einiger Zeit fing ich an zu zittern; zwar glaubte ich nicht, daß es von der Kälte kam, doch legte ich ein paar Kohlen auf das Feuer und zog eine Decke um die Schultern. »Ich darf nicht wieder krank werden«, dachte ich. »Lonnie hatte gerade genug Mühe mit meiner Pflege. Irgendwie muß ich die Verantwortung für mich selbst übernehmen. Ich muß gesund bleiben und für Joey sorgen.«

Endlich fuhr draußen ein Wagen vor und hielt so nahe an der Küchentür, wie der Fahrer es nur fertigbringen konnte. Ich stand zitternd am Fenster und versuchte, in die Dunkelheit hinauszuspähen. Plötzlich merkte ich, daß ich immer wieder »Bitte . . . bitte . . .« vor mich hinmurmelte.

Dann hörte ich Lonnie an der Tür und öffnete sie für ihn. Er trat ein und trug Joey in den Armen. »Ich habe hier einen jungen Mann, der behauptet, er kenne dich, Josh.« Lonnies Stimme verriet seine Freude; aber ich merkte auch, daß er sie bewußt so klingen ließ. Er setzte Joey auf den großen Sessel, entfaltete ein dickes Deckenbündel, und heraus kam ein entsetzlich dürrer Junge in einem warmen, sauberen Schlafanzug, die Füße in dicken, wollenen Hausschuhen. Er sah gar nicht wie Joey aus, abgesehen von den grauen Augen und dem dichten blonden Haar, das sein Gesicht umrahmte.

Es gibt gewisse Verhaltensmuster, nach denen Menschen eines bestimmten Alters und eines bestimmten Geschlechts sich in einer bestimmten Lage richten müssen. Ein fünfzehnjähriger Junge kann einen Zehnjährigen nicht in die Arme nehmen, wie es vielleicht eine Mutter täte; er kann die Dinge nicht aussprechen, die er zutiefst in sich spürt, er kann seine Liebe und seine Erleichterung nicht ausdrücken und nicht seine bitteren Selbstvorwürfe. Die Verhaltensmuster für einen Fünfzehnjährigen im Umgang mit seinem kleineren Bruder lassen so etwas nicht zu. Joey würde das durchaus verstehen. Er kannte sich gut in richtigen Mustern aus.

Und so streckte ich nur einfach die Hand aus und sagte: »Hallo, Joey!«

Er grinste ein ganz klein wenig, und dieses Grinsen gehörte

zu dem Joey früherer Tage. Er sagte: »Hallo, Josh! Ich freue mich mächtig, dich zu sehen!«

Wir schüttelten uns die Hände, und ich senkte den Kopf ein wenig, damit er nicht merkte, daß ich weinte. Tränen passen auch nicht in das richtige Muster.

10

Wir brachten Joey zu Bett, und als wir uns über ihn beugten, seufzte er zufrieden und sah zu mir auf. Dann schlief er fast augenblicklich ein. Ich saß dicht neben dem Bett und beobachtete seinen Schlaf. Ich brauchte einige Zeit, um ganz und gar zu verstehen, daß er da war, daß der lange Alptraum aus Furcht und Sorge vorüber war. Lonnie ließ sich mir gegenüber auf einen Stuhl fallen, und eine Zeitlang saß er nur da und starrte vor sich hin, als erwache auch er gerade erst aus einem bösen Traum. »Das war eine Nacht!« sagte er endlich, lehnte den Kopf zurück und schloß die Augen.

»War es schwierig, ihn zu finden, Lonnie?«

»Das Finden nicht. Die Polizei hatte eine Liste der acht Familien, von denen die Kinder heute nachmittag aufgenommen worden sind. Joey war bei einem Ehepaar, das in guten Verhältnissen zu leben scheint. Sie wollten ihn nicht wieder hergeben. Er war sauber und hatte gegessen und diesen warmen Schlafanzug bekommen. Sie hatten auch nach einem Arzt geschickt und überhaupt alles getan, was sie konnten, und so waren sie zunächst recht feindselig gegen mich eingestellt. Die Frau hat geweint und wollte ihn festhalten. Anfangs habe ich gedacht, sie hätte vielleicht sogar recht, und ich sollte ihn lieber nicht mitnehmen, solange er noch so schwach ist. Aber Joey selbst hat den Fall geklärt. Er wollte unbedingt mit mir zu seinem Bruder, ohne jedes Wenn und Aber. Er war zwar schwach, aber er hat sich wie toll aufgeführt, als er merkte, ich würde auch ohne ihn wieder abfahren.«

Ich ging zum Herd und schenkte eine Tasse Kaffee für Lonnie ein. Er nickte mir dankend zu. »Der Doktor ist gekommen und hat ihn untersucht. Er hat gemeint, es sei besser für den Jungen, wenn ich ihn mitnehme. Er würde sich sonst doch nicht beruhigen. Die Familie Arthur hat mir leid getan. Sie hatten ihn erst seit ein paar Stunden, aber sie waren schon ganz verliebt in ihn.« Lonnie schlürfte langsam seinen Kaffee. »Mein Gott, tut das gut! Sie haben mir auch ein Abendessen angeboten, aber ich konnte keinen Bissen hinunterbringen.«

Ich betrachtete die kleine Hand, die unter der Decke hervorlugte. »Glauben Sie, daß er gesund wird, Lonnie?«

»Ja, sicher. Der Arzt meint, Joey brauche nur kräftige Nahrung und Ruhe und viel Liebe. Wir sollen ihm nicht zuviel auf einmal zu essen geben, besser alle paar Stunden eine Kleinigkeit. Du und Janey, ihr werdet ihn ein paar Tage pflegen müssen. Er kommt wieder auf die Beine, das meint der Arzt auch.«

»Ich wünschte, meine Eltern wüßten es«, sagte ich mehr zu mir als zu Lonnie.

»Sie wissen es«, antwortete er. »Während sie dort Joey zum Mitfahren vorbereitet haben, bin ich hinausgegangen und habe ein Telegramm an eure Eltern und eines an Pete Harris aufgegeben. Ich habe nur geschrieben: ›Joey gefunden. Alles in Ordnung.‹ Ich hoffe, dein Vater kann heute nacht schlafen.«

»Das hoffe ich auch«, sagte ich und merkte, daß ich froh für Vater war.

Als er den Kaffee ausgetrunken hatte, stand Lonnie auf und fing an, sein Hemd aufzuknöpfen. »Ich glaube, ich muß jetzt schlafen gehen, wenn ich morgen arbeiten soll. Ich bin wie zerschlagen. Kannst du heute nacht bei ihm wachen, Josh?«

»Ja, selbstverständlich!« Ich sah zu ihm auf. Im Laufe weniger Monate hatte er uns eine Chance geboten, für uns selbst zu sorgen, und als wir daran gescheitert waren, rettete er uns beiden das Leben. Ich sagte: »Sie haben eine große Last auf sich genommen, als Sie damals Ihren Lastwagen angehalten und auf uns gewartet haben, Lonnie.«

Er lächelte kaum merklich. »Ich bedaure es nicht. Gute

Nacht, Josh!« Dann stellte er die Flamme der Lampe kleiner und schloß die Tür hinter sich.

Zum erstenmal seit einer Ewigkeit – so lange kam es mir jedenfalls vor – war ich wieder mit Joey allein. Ich konnte mich nicht überwinden, ins Bett zu gehen; ich mußte im spärlichen Licht sitzen bleiben und ihm beim Schlaf zusehen. Ich mußte wach bleiben, um sicher zu sein, daß sich das Wunder wirklich ereignet, daß wir ihn wirklich wiedergefunden hatten.

Ungefähr nach einer Stunde wurde er wach. Ich wärmte ein wenig Milch und brachte sie ihm. Dann setzte ich mich hinter ihm auf den Bettrand, damit er sich mit dem Rücken an mich lehnen konnte, als er sich zum Sitzen aufrichtete. Gierig trank er die Milch, und als er damit fertig war, ergriff er meine Hand.

»Ich habe dich gefunden, nicht wahr?« fragte er.

Ich hielt seine Hand fest in der meinen. Es war eine entsetzlich hagere kleine Hand, so knochig, daß mich bei dem Gedanken schauderte, wie nahe es daran gewesen war, ihn niemals wieder bei mir zu haben. Ich fragte: »Kannst du mir sagen, was geschehen ist, Joey? Oder wenigstens ein bißchen, ehe du wieder einschläfst?«

»Ja.« Er zögerte, und sein Gesicht zeigte, wie sehr ihn die Erinnerung an den Abend bedrückte, an dem wir uns gestritten hatten. »Ich bin zum Schuppen zurückgegangen«, sagte er schließlich. »Da habe ich die ganze Nacht gewartet und den nächsten Tag auch noch. Ich dachte, du würdest zurückkommen, aber als du nicht kamst, habe ich mich entschlossen, nach Hause zu gehen.«

Er schwieg lange. »Wenn es dich ermüdet, Joey, brauchst du mir nichts zu erzählen. Dazu ist morgen auch noch Zeit.«

»Nein, nein, ich suche nur nach den richtigen Worten, weißt du. Ich habe mich per Anhalter auf den Weg nach Chicago gemacht, aber ich hatte dabei immer das Gefühl, daß ich das Falsche tat. Immer wieder habe ich gedacht, du brauchst mich. Darum bin ich nach Omaha zurückgekommen. Ich dachte mir, du würdest hier sein.«

»Warum hast du Lonnie nicht angerufen, als du hier angekommen bist, Joey?«

»Es war schrecklich. Ich konnte mich nicht an seinen Familiennamen erinnern. Ich glaube, wir haben ihn nur einmal im
Vergnügungspark erwähnt. Ich habe immer wieder versucht,
mich daran zu erinnern, aber ich konnte es nicht. Ich war einfach verloren in Omaha und suchte einen Mann namens Lonnie.«

Ich konnte kaum sprechen. »Du darfst dich nicht zu sehr
ermüden«, mahnte ich. »Es ist besser, wenn du jetzt schläfst.«

Er schüttelte den Kopf. »Eines muß ich dir noch sagen, Josh.
Ich wußte nicht, daß du damals an diesem Abend krank warst
und Fieber hattest. Lonnie hat mir das vorhin auf der Fahrt
erzählt. Er hat mir gesagt, daß du krank gewesen bist und so
voller Angst, daß du nicht mehr wußtest, was du tatest.«

»Wenn man so gemein war wie ich, Joey, dann gibt es dafür
keine Entschuldigung. Aber ich war wirklich schwer krank,
und schreckliche Angst hatte ich auch.«

»Ich weiß, Josh. Es war wohl genau wie bei Vater an dem
Abend, als er so auf dich losgefahren ist.«

Er verkroch sich unter seine Decke und war eingeschlafen,
kaum daß er die Worte ausgesprochen hatte. Aber ich saß
noch lange da und blickte in die Schatten.

Das Bild war schmerzlich, doch es stand klar und deutlich
vor mir. Plötzlich, zum erstenmal in diesem Winter, wollte ich
gern nach Hause. Ganz ohne Warnung überfiel mich eine
Welle des Heimwehs, wie ich sie noch nie erlebt hatte. Ich
konnte nur noch an Vater denken, an seine schlaflosen Näch-
te, die nicht anders waren als jene, die ich selbst kennengelernt
hatte; an die Selbstvorwürfe, die für ihn nicht weniger bitter
waren als für mich. Den ganzen Winter über hatte ich mich
nur an das böse Gesicht und die zornigen Worte erinnert, in
allen Einzelheiten hatte ich sie mir ins Gedächtnis zurückgeru-
fen, damit sie mir halfen, meine Abneigung gegen ihn zu erhalten, die ich niemals wieder aufgeben wollte. Aber seit Joeys
Worten verspürte ich nur noch Mitleid und das Gefühl,

die gleiche Hölle kennengelernt zu haben, die auch Vater durchlebte. Ich hoffte, daß meine Gefühle sich am nächsten Morgen nicht wieder änderten; ich fühlte mich besser und reifer; ich fühlte ein Mitleid, das mir völlig neu war.

Dabei versuchte ich, ganz ehrlich mit mir zu sein. Es hatte gar keinen Sinn, wenn ich mir einredete, Vater und ich würden jemals zusammenleben können, ohne daß es gelegentliche Zusammenstöße gäbe. Dazu waren wir uns zu ähnlich. Ich erinnerte mich, daß er sich manchmal bei Mutter entschuldigt hatte, wenn er ihr gegenüber ungeduldig gewesen war. »So sind eben wir Grondowskis«, sagte er dann und tadelte damit den Vater, den er wegen seiner eigenen Schwächen verachtete. Oft genug hatte ich selbst versucht, meine eigenen Fehler einfach als Erbteil von meinem Vater zu entschuldigen. Während ich in dieser Nacht in der stillen Küche neben Joey lag, schien es mir, als sollten beide, Stefan und Josh Grondowski, endlich aufhören, ihre Väter zu beschuldigen und sich lieber selbst um ein bißchen Disziplin und Verständnis bemühen. Ich fragte mich, ob ich wohl eines Tages mit Vater über unsere gemeinsamen Schwächen sprechen könne.

Ich lag lange wach; die Gedanken jagten sich in meinem Kopf. Es kam mir fast unmöglich vor, daß der Wunsch, nach Hause zu gehen, sich plötzlich so stark in mir meldete. Wie leicht wäre es gewesen, uns nach Chicago mitnehmen zu lassen, solange wir noch gesund waren. Jetzt würde Joey noch für viele Wochen zu schwach sein, und ich hatte noch meinen Husten, und meine Beine waren noch so weich, daß ich nur gerade im Zimmer auf und ab gehen konnte. Und zu alledem kamen noch unsere großen Schulden bei Lonnie! Irgendwie mußte ich gesund werden und einen Job finden, damit ich ihm alles zurückzahlen konnte, ehe wir abreisten. Das war für mich eine sehr wichtige Sache. Es sprach für Stefan Grondowski, daß er seine Söhne gelehrt hatte, ehrlich im Umgang mit Schulden zu sein; das hätte ich wahrscheinlich selbst zu einer Zeit zugegeben, da mein Zorn gegen ihn noch besonders stark gewesen war.

Die Aussichten, unsere Schulden zu bezahlen, waren allerdings mehr als trübe. Wir besaßen keinen Cent, und keiner von uns war gesund genug, um für sich selber zu sorgen. »Wenn ich erst diesen Husten los bin und wieder zu Kräften komme, kann Lonnie vielleicht eine Arbeit für mich hier in Omaha finden. Oder vielleicht kann ich auch Joey heimschaffen und dann wieder zum Vergnügungspark fahren, falls Pete ihn wieder auf die Beine bringt. Vielleicht, wenn erst der Sommer kommt...« So viele Wenn und Aber wirbelten durch meinen Kopf, daß mir die Schläfen pochten.

Um zwei Uhr wachte Joey auf, und ich gab ihm ein wenig Suppe, die ich auf der Herdplatte warmgehalten hatte. Um sechs Uhr stand ich auf und kochte Haferflocken für ihn, aber die Großmutter kam herüber und schickte mich zu Bett, während sie die Küche übernahm und Joey dann mit vielen kleinen, liebevollen Ermutigungen sein Frühstück gab.

Joey erholte sich sehr schnell. Nach jeder Mahlzeit sahen wir, daß sein Gesicht wieder heller wurde; immer neue Lichter leuchteten in seinen Augen. Janey wurde seine Pflegerin, und manchmal entdeckte ich ein verschmitztes Zwinkern in den Augen meines Bruders, ein verschmitztes Zwinkern, das sich über mich lustig zu machen schien, während Janey ihn umsorgte, ihn fütterte, ihm vorlas und ihn bemutterte, soweit er es erlaubte.

Mrs. Arthur, die Frau, die mit ihrem Mann zusammen Joey in ihrem Haus aufgenommen hatte, ehe Lonnie ihn abholte, besuchte ihn am dritten Tag, den er bei uns war. Sie war eine sehr attraktive Frau, hübsch angezogen und ganz leicht nach einem Parfüm duftend, das an Frühlingsblumen erinnerte. Sie machte viel Aufhebens um Joey und weinte sogar ein bißchen, als sie neben ihm saß. Ich stand am Kopfende seines Bettes, und endlich wandte sie sich an mich.

»Bist du der Bruder, den er gesucht hat? Bist du Josh?« fragte sie.

»Ja.«

»Ich hätte Joey eine Zeit bei mir behalten können, ich hätte die Freude gehabt, ihn gesund zu pflegen, wenn er nicht unbedingt zu seinem Bruder gewollt hätte.« Sie sah mich fast vorwurfsvoll an, obgleich sie dabei lächelte.

»Wir sind Ihnen sehr dankbar. Und ich kann Ihnen gar nicht genug für alles danken, was Sie an diesem Tag für Joey getan haben.«

Ihr Gesicht entspannte sich ein wenig. »Mr. Bromer hat uns manches von dem erzählt, was ihr zwei Jungen diesen Winter durchgestanden habt. Und er hat auch erwähnt, daß du recht gut Klavier spielst.«

»Ich . . . ich spiele gern«, antwortete ich.

»Wie lange hast du Unterricht gehabt?«

»Meine Mutter hat mir bis vor ein paar Jahren Stunden gegeben, dann mußten wir unser Klavier verkaufen. Seitdem habe ich allein weitergelernt.«

»Oh«, sagte sie und blickte auf ihre Handschuhe hinunter, als zähle sie in Gedanken nach, wieviel Nutzen man wohl aus Klavierstunden bei der eigenen Mutter ziehen könne.

Dann mischte Joey sich ein. »Wenn Sie meinen Bruder einmal spielen hörten, würden Sie verstehen, Mrs. Arthur. Er ist wirklich ein As!«

Sie lächelte ihm zu. »Dann möchte ich ihn gern einmal spielen hören, Joey. Vielleicht könnt ihr alle gemeinsam zu mir kommen, wenn du wieder gesund bist. Du und Josh und Mr. Bromer und seine Nichte, und dann können wir Josh spielen hören. Möchtest du das?«

Er nickte erfreut. Ich selbst war nicht so begeistert. Ich hatte das Gefühl, daß sie eine Frau war, die darunter litt, wenn Musik, die sie mochte, ein wenig variiert wurde, wenn der Rhythmus ein wenig anders klang. Aber ich bedankte mich doch bei ihr. »Ja, ich würde gern für Sie spielen«, versicherte ich, obgleich ich es nicht für sehr wahrscheinlich hielt, daß es wirklich dazu kam.

Für Joey ließ sie Bücher und Spielzeug, ein paar Leckerbissen und Kleider zurück, von denen sie behauptete, sie hätten einmal ihren eigenen Kindern gehört, die dafür aber überraschend neu aussahen. Sie brachte auch seine alte Jacke mit, die 20-Dollar-Überschuhe und das Taschenmesser mit den Initialen von Pete Harris am Griff. Und – sorgfältig eingewickelt, als wüßte sie, daß es sich um eine Kostbarkeit handelte – Howies Banjo in einem großen Pappkarton.

In den nächsten Tagen, als Joey und ich allein waren, holte ich Papier und Federhalter und fing an, die Briefe zu schreiben, die geschrieben werden mußten. Zuallererst schrieb ich nach Hause. Ich fing an »Liebe Mutter«, und nach langem Nachdenken fügte ich hinzu »und lieber Vater«. Ich erzählte ihnen, wie Joey gefunden worden war, wie schnell er sich erholte, wie sicher und wohlversorgt wir bei Lonnie seien. Ich schrieb nicht von meinem Heimweh und davon, daß ich Joey bald nach Hause bringen wollte. Das konnte ich noch nicht schreiben, aber ich war ganz sicher, daß mein Brief sie beruhigen würde. Ich erzählte auch ein wenig von Janey und sandte Kitty meine Grüße.

Danach schrieb ich an Edward C. und dann an Emily. Ich wußte nicht, ob sie Mrs. Pete Harris war oder nicht, und so richtete ich den Brief einfach an »Emily, zu Händen von Pete Harris«. Sie hatte mich gebeten, ihr zu schreiben, und ich hatte mich damals gefragt, was ich ihr wohl jemals erzählen sollte. Jetzt fiel es mir gar nicht schwer. Ich beschrieb Seite um Seite und erzählte ihr die ganze Geschichte; ich teilte erst meine Furcht, dann meine Freude mit ihr.

In jenen letzten Märzwochen waren wir eine glückliche Familie, so glücklich, daß ich fast das Heimweh vergaß, das ich zuvor empfunden hatte. Unsere ganze Aufmerksamkeit war auf Joey gerichtet, und unsere gemeinsame Sorge für ihn ließ uns zu einer festgefügten kleinen Gruppe werden. Lonnie war in diesen Tagen ganz besonders froh. Wenn er heimkam, brachte er Leckerbissen mit: Austern, weil Großmutter sie so gern aß, Eis, weil Joey es so gern mochte. Eines Abends, als mein Husten sich schon ganz verloren hatte, ging er mit Janey und mir ins Kino. Großmutter und Joey blieben mit einer großen Schüssel Popcorn daheim.

Er sprach von uns als von seinen drei Kindern. Er bat Janey abends, uns etwas vorzulesen, und wir saßen um den Tisch und hörten zu, Lonnie auf der alten Couch, den Arm um Joeys Schultern gelegt. Einmal, als Großmutter am Bügelbrett stand, merkte ich, daß sie ihn dabei beobachtete, und in ihren Augen standen Tränen.

Als ich mich wieder kräftiger fühlte, dachte ich immer häufiger an einen Job. Hin und wieder fiel es mir schwer, Brot zu essen, das man mir aus Mitleid gab. Ich war ganz sicher, daß es der stolzeste Augenblick meines Lebens sein mußte, wenn ich beginnen konnte, unsere Schulden bei Lonnie abzutragen. Und wenn alles zurückgezahlt war, dann ging es – vielleicht – nach Hause. Vielleicht. Ganz sicher war ich nicht, aber ich glaubte, daß ich wohl am liebsten nach Hause wollte.

Lonnie erkannte meine Unruhe und spürte, daß ich Arbeit brauchte.

»Ja, sicher, Josh, ich werde die Augen offenhalten. Irgend etwas wird sich schon bieten. Aber wir müssen vorsichtig sein. Du hast in diesem Winter zwanzig Pfund abgenommen. Und ich kann nicht zulassen, daß du dich überforderst, ehe du wieder richtig kräftig bist.«

Und dann tauchte eines Abends Mrs. Arthur wieder auf. Sie fragte Lonnie, ob sie uns drei am nächsten Tag zum Essen einladen dürfe. Lonnie lächelte. »Sind Sie ganz sicher, daß Sie Josh und Janey haben wollen, oder geht es Ihnen nur um unseren Herzensbrecher?« Dabei deutete er auf Joey.

Sie war eine angenehme Frau und gab lachend zu: »Joey ist meine erste Liebe, ja, aber ich möchte auch die anderen beiden. Ich will Josh spielen hören, um zu wissen, ob wirklich wahr ist, was sein kleiner Bruder von ihm behauptet.«

Lonnie lieh mir ein anständiges Hemd, und ich bügelte sorgsam die alte Hose, die Pete Harris mir geschenkt hatte. Joey war mit den Kleidern, die Mrs. Arthur ihm schon früher gebracht hatte, recht gut ausgestattet, und Janey hatte selbstverständlich keine Probleme. Sie trug ihr bestes blaues Baumwollkleid und band ihr Haar mit einem blauen Samtband zusammen. Ihr Aufzug brachte ihr reiches Lob von den drei männlichen Mitgliedern der Familie ein, und dieses Lob vertiefte die Farbe ihrer Wangen, die sogar die Sommersprossen übertönte und sie sehr hübsch aussehen ließ.

Mrs. Arthur holte uns um elf Uhr ab. Sie hatte eine sehr freundliche Art, die uns sofort alle Befangenheit nahm, als wir zu ihrem Haus fuhren, das in einem weit vornehmeren Stadtviertel lag als Lonnies Wohnung.

Uns kam das Haus der Familie Arthur ganz wunderbar vor, aber der große Flügel in einer Ecke des Wohnzimmers war zumindest für mich das Interessanteste, was es hier zu sehen gab. Ich ging darauf zu, vergaß die anderen drei, bemerkte zunächst gar nicht, daß sie dastanden und mich beobachteten und darüber lächelten, daß ich von dem schönen Instrument so fasziniert war.

»Wir werden dich und das Klavier für ein Weilchen allein lassen, Josh«, sagte Mrs. Arthur, während sie neben mich trat. »Vielleicht möchtest du die Finger erst wieder an die Tasten gewöhnen, ehe du für mich spielst. In der Stunde bis zum Essen gehört es dir allein.«

Es war das beste Instrument, das ich je berührte, und die wunderbar klingenden Töne, die jedem Anschlag antworteten, packten mich so sehr, daß ich alles vergaß außer meinem eigenen Entzücken. Ich bearbeitete die Tasten zuerst leise und vorsichtig, dann mit wachsender Erregung.

Im Vergnügungspark hatte ich über ein Liebesthema für Emily improvisiert, doch als ich jetzt an Mrs. Arthurs Flügel saß, umfaßten meine Improvisationen ein viel weiteres Gebiet. Es war, als liefe eine lange Geschichte vor meinen Augen ab und würde irgendwo in meinem Geist zu Musik. Ich vergaß, wo ich war, vergaß, daß vielleicht jemand mir zuhörte, und ich spielte, während ich vor mir sah, wie Howies Körper an einem Schienenstrang durch die Luft gewirbelt wurde; ich spielte, daß ein Junge vor einem wunderschönen Mädchen stand, das stammelte, es täte ihr leid, daß er betteln müsse; ich spielte die Angst vor Kälte und Hunger, die verzweifelte Angst, Joey zu verlieren, endlich die Dankbarkeit, daß die Welt für mich wieder in Ordnung gekommen war, daß ich mein Selbstvertrauen wiedergefunden hatte.

Als ich am Ende war, bemerkte ich erst, daß Mrs. Arthur, Joey und Janey bei mir standen. Janeys Augen wurden ernst und groß, als ich zu ihr aufsah.

»Ich kenne dich gar nicht, Josh«, sagte sie, und es war kaum mehr als ein Flüstern.

Mrs. Arthur blickte mich an. Ich konnte nicht sagen, was sie dachte. Endlich fragte sie: »Das hast du improvisiert, nicht wahr?«

»Ja«, sagte ich und glaubte, es hätte ihr vielleicht nicht gefallen.

»Und du hast nur bei deiner Mutter Stunden gehabt?«

»Ja, aber sie ist auch eine sehr gute Lehrerin.«

»Das glaube ich dir, Josh.« Sie betrachtete mich nachdenklich. »Du hättest gern eine Arbeit, möchtest gern irgendwo spielen, nicht wahr?«

»Sie können sich gar nicht vorstellen, wie sehr ich mir eine solche Arbeit wünsche.«

»Nun...«, sie sah Joey an, dessen Gesicht voller Stolz strahlte, »wir werden sehen, Joey. Wir werden einmal sehen müssen, ob wir nicht irgendeine Aufgabe für deinen Bruder finden können.«

An das Essen erinnere ich mich nicht genau. Es war köstlich, was auch immer es gewesen sein mag, und es wurde auf kostbarem Porzellan serviert, das Janey ihrer Großmutter in allen Einzelheiten beschreiben konnte. Mrs. Arthur war eine sehr fröhliche, sympathische Frau; Joey und Janey schwatzten mit ihr während der ganzen Mahlzeit. Ich allein schwieg. Ich fühlte mich wie in einem Traum, aus dem ich nur auftauchte, wenn die anderen mich neckten. Mrs. Arthur lächelte mir zu. »Das ist versprochen, Josh. Ich werde jemanden finden, der bereit ist, für dein Klavierspiel zu zahlen.«

An diesem Tag begann der Traum, den Howie und ich gehegt hatten, Gestalt anzunehmen. Nach kaum einer Woche suchte Mrs. Arthur mich wieder auf. »Gestern abend haben mein Mann und ich mit dem Manager eines sehr guten Restaurants hier in der Stadt gesprochen. Mr. Ericson ist ein Freund meines Mannes. Wir haben ihn davon überzeugt, daß es gut wäre, den Gästen von sechs Uhr bis Mitternacht Musik zu bieten, damit einem Jungen Arbeit zu verschaffen und zugleich dem eigenen Geschäft etwas Gutes zu tun. Ich habe ihm viel über dich erzählt, wie sehr mir deine Musik gefallen hat, und da er meine Musikkenntnisse schätzt, möchte er dich morgen nachmittag spielen hören. Ich werde dich hinfahren.«

Es war, als wäre ein langer Alptraum einem Märchen gewichen. Mr. Ericson gefiel mein Spiel. Die Gage erschien mir im Vergleich zu den fünf Dollar, die ich von Pete Harris erhalten hatte, geradezu fürstlich. Mrs. Arthur ging mit mir in ein Geschäft und versorgte mich mit einem guten Anzug und mit Schuhen; sie wollte mir beides gern schenken, aber ich notierte mir den Preis und nahm mir vor, ihr das Geld zurückzugeben, sobald ich etwas verdient hätte. Das Betteln hatte seine Narben hinterlassen, und die schmerzten selbst bei den freundlichsten Geschenken.

Meine Arbeit im Restaurant befriedigte mich sehr. Ich brauchte nicht, wie damals im Vergnügungspark, den Clown zu spielen. Ich war ein gutgekleideter, gesetzter junger Mann, spielte, was mir gefiel, erfüllte höflich Wünsche.

Eines störte mich anfangs, doch ich verdrängte den Gedanken, weil ich mich nun einmal damit abfinden mußte. Mr. Ericson hatte in die Speisekarten ein Blatt einlegen lassen, in dem ich als »Unser wilder Junge von der Landstraße« bezeichnet wurde. Auf diesem Blatt konnten die Gäste alles über mich und Joey nachlesen, und daß wir von zu Hause fortgelaufen seien, weil wir dort nicht genug zu essen hatten. Da stand ein genauer Bericht über das Betteln, über Hunger und Kälte, alles, was wir erlitten hatten. Anfangs schämte ich mich deswegen. Unsere Leiden wurden zur Publikumsattraktion wie die Flossen des armen Ellworth, die ihm anstatt der Arme gewachsen waren, wie die Fleischmasse der Madame Olympia, wie der Zwergenwuchs und der riesige Buckel des Edward C. Kensington. Aber für Empfindlichkeit war jetzt nicht die richtige Zeit. Eine Arbeitsstelle war etwas so Kostbares, war ein so großartiges Geschenk des Himmels, daß ich nicht dagegen protestieren durfte. Mit Joey sprach ich darüber nicht, auch nicht mit Janey. Aber eines Abends erzählte ich es Lonnie. Seine Lippen wurden schmal, und einen Augenblick sahen seine Augen böse aus, doch er sagte nichts.

Es dauerte gar nicht lange, bis Mr. Ericson beschloß, Joey zugleich mit mir vorzustellen. Die Zeitungen und der Rundfunk hatten von dem Jungen berichtet, der aussah »wie ein halbverhungerter Engel mit einem Banjo anstatt einer Harfe«. Die Leute wollten jetzt auch den jüngeren der beiden Landstreicherjungen kennenlernen. Und so stand Joey, nachdem ich mit ihm stundenlang geübt hatte, die richtige Begleitung für mich zu finden, wenn ich alte Volksballaden spielte, neben mir auf dem Podium, sang und ließ die Saiten auf Howies altem Banjo erklingen.

Es war eine Zugnummer. Seine zarte Erscheinung und seine Schönheit ließen ihn zugleich mit seiner natürlichen Showbegabung sofort zu einem Volltreffer werden. Den Gästen machte es gar nichts aus, wenn er gelegentlich ein wenig durch die Akkorde stolperte. Es gab ein wenig Gelächter, wenn seine Stimme plötzlich die Tonart verließ; er grinste dann breit, gelangte mit meiner Hilfe wieder auf den rechten Weg und empfing dafür lachenden Applaus.

Joey nahm diesen Erfolg so selbstverständlich hin wie die Tatsache, daß ihn die meisten Menschen auf den ersten Blick liebten. Für ihn war das einfach eine Tatsache, bei der man sich nicht weiter aufzuhalten brauchte. Für mich aber war unser Erfolg etwas so Großartiges, daß ich mich nicht daran gewöhnen konnte. Manchmal wachte ich nachts auf und meinte in den ersten Sekunden, ich läge irgendwo auf freiem Feld oder in einem Eisenbahnschuppen, und ich hätte etwas so Wunderbares geträumt, daß es gar nicht wahr sein könne. Dieses Wunder verdrängte auch das Heimweh, das ich in der

Nacht nach Joeys Rückkehr empfunden hatte. Der Gedanke an Chicago trat immer mehr zurück, je mehr Abende vergingen, heitere, angenehme Abende, an denen ich für gutgekleidete, zufriedene Menschen spielte, die es sich leisten konnten, in guten Restaurants zu speisen. Und dann, am Ende der Woche, gab es einen Scheck, gab es Geld, mit dem wir unsere Schulden bezahlen konnten, Geld, das uns ein Gefühl der Unabhängigkeit und der Sicherheit schenkte.

Von Zeit zu Zeit schickten wir Geld nach Hause, und fast den ganzen Rest gaben wir Lonnie. Er nahm es ohne Kommentar an, doch ich hatte das Gefühl, daß er es nicht verwendete, um einen Teil der Haushaltsausgaben damit zu bestreiten.

»Wir schulden Ihnen dieses Geld, Lonnie. Es gehört Ihnen. Wir wollen Ihnen nicht zur Last fallen.«

Lonnie war fast schroff. »Für manche Dinge läßt man sich nicht gern bezahlen. Ja, sicher, ich werde ein bißchen Geld für Medizin und Extraausgaben behalten. Das tue ich, weil es mir gefällt, wie ihr euch auch in Gelddingen um Selbstachtung bemüht. Aber verlangt nicht von mir, daß ich Geld annehme für das, was ihr gegessen, für die Betten, in denen ihr geschlafen habt. Du weißt, wie das mit meinem Jungen war; dann mußt du doch auch wissen, wie ich zu dir und Joey stehe.« Er faltete und entfaltete unaufhörlich die Scheine, die ich ihm gegeben hatte. »Ihr werdet das Geld brauchen, wenn ihr nach Chicago zurückgeht«, fügte er hinzu.

Mir gefiel es gar nicht, daß er Chicago erwähnt hatte. Die Bemerkung weckte ein seltsam gemischtes Gefühl aus Heimweh, Schuldbewußtsein und Abneigung gegen den Gedanken, daß Joey und ich etwas Besseres aufgeben sollten, als wir je erträumt hatten, um in etwas zurückzukehren, was einmal bitter gewesen und noch immer unsicher war.

Eines Tages brachte die Post einen Brief von Emily, einen Umschlag mit einer großen Schrift, der aussah, als sei jeder einzelne Buchstabe mit großer Sorgfalt geschrieben. Ich fand, daß die Handschrift Emily ähnlich sah, und ich öffnete den

Umschlag sehr sorgfältig, damit kein Teil meines Namens, den sie geschrieben hatte, beschädigt wurde.

Sie erzählte mir, wie erleichtert Pete Harris, Edward C., die Jungen und sie selbst gewesen seien, als sie hörten, daß Joey in Sicherheit sei und ich mich von einer Lungenentzündung erholt hätte. Sie schrieb: »Wir hatten euch zwei nur ein paar Wochen bei uns, aber ihr habt schnell den Weg in unsere Herzen gefunden. Wir werden euch niemals vergessen und nicht aufhören, euch beiden stets alles, alles Gute zu wünschen.«

Sie übermittelte Grüße von Pete und Edward C., sie erzählte, wie Pete sich bemühte, seinen Vergnügungspark wieder aufzubauen, mit dem er im Sommer ein Stück weiter nach Norden ziehen wolle. Ihre Hochzeit erwähnte sie nur kurz: »Meine Jungen sind glücklich, daß sie jetzt wieder einen Vater haben, und Pete ist ein sehr freundlicher und verständnisvoller Vater.« Das war alles. Ich fragte mich, ob sie wohl auch glücklich werde, und ich hoffte es.

Und dann sprach sie genau wie Lonnie über meine Heimkehr: »Ich bitte dich, Josh, bring deinen Bruder heim, schließe Frieden mit deinem Vater, und mache deine Mutter wieder glücklich. Eltern können manchmal schrecklich irren, das weiß ich selbst nur allzu gut. Aber wenn sie nicht wirklich böse sind, tun ihnen ihre Fehler weh. Deine Eltern sind nicht böse, Josh, sonst hätten sie nicht zwei so wunderbare Kinder wie dich und Joey. Ich bitte dich noch einmal – geh nach Hause.«

Ich spielte sechs Abende in der Woche im Restaurant, und da ich tagsüber viele Stunden üben mußte, hatte ich wenig Gelegenheit, Janey zu sehen. Aber an meinem freien Abend unternahmen wir lange Spaziergänge, unterhielten uns über dieses und jenes, kamen manchmal nach Hause und saßen noch lange Hand in Hand beisammen, so wie sie und Lonnies Junge früher beisammen gesessen hatten.

Der Frühling kam in diesem Jahr spät, doch von Woche zu Woche wurden die Tage wärmer, wurde die Luft freundlicher. Eines Abends, als Janey und ich spazierengingen und feiner Sprühregen uns einhüllte, der kaum stark genug war, um uns an einen Regenschirm denken zu lassen, wohl aber Janeys Locken gegen ihre Wangen klebte und ihre Haut vor Feuchtigkeit glänzen ließ, fragte ich sie: »Bist du mein Mädchen, Janey?«

»Ja«, antwortete sie. »Ich war dein Mädchen von dem Nachmittag an, als du mir sagtest, daß ich keine Ohrringe zu tragen brauchte wie Emily . . .«

»Und du hast deine Wange gegen meine Hand gepreßt. Von dem Augenblick an hab' ich dich geliebt, Janey, und das wird sich nun nicht mehr ändern.«

Eine Zeitlang antwortete sie nicht. Dann blieb sie stehen und sah mich an, als wir gerade eine Baumgruppe im Park erreichten. »Lonnie hat mit mir gesprochen, Josh. Er meint, daß du und Joey zu euren Eltern gehen solltet. Er hat mir gesagt, ich sollte dich nicht festzuhalten versuchen, weil ich dich gern behalten möchte. Und ich werde das auch nicht versuchen. Ich werde schrecklich einsam sein, wenn ihr beide fort seid, aber wir sollten auf Lonnie hören. Er hat immer gewußt, was für mich gut ist. Er hat auch gewußt, was für dich richtig und gut war, als du fast am Ende warst; er weiß es bestimmt auch jetzt, nachdem alles besser geworden ist.«

Sie hatte recht, das wußte ich, doch allerlei Gefühle quälten mich, wenn ich daran dachte, daß ich sie verlassen mußte. »Ich weiß nicht, was ich tun soll, Janey. Ich werde in alle Richtungen gleichzeitig gezerrt und kann nicht herausfinden, welche die richtige ist.«

Sie hob die Arme und legte mir die Hände auf die Schultern. Ich zog sie an mich. »Ich komme zurück zu dir, Janey«, versicherte ich. »Ich komme wieder, du wirst sehen. Sobald ich alles mit meinen Eltern geregelt habe, komme ich wieder.«

Sie sagte: »Ja, sicher, Josh. Ich hoffe es wenigstens.« Ich konnte deutlich sehen, daß sie mein Versprechen nicht völlig ernst nahm. Janey hatte ihre Eltern verloren, einen Vetter, den sie angebetet hatte, eine Tante, die für sie beinahe eine zweite Mutter gewesen war. Sie glaubte nicht wirklich daran, daß Menschen, die sie liebte, jemals wiederkamen.

Die nächsten Tage waren für mich voll innerer Verwirrung

und Unsicherheit. Meine Liebe zu Janey war sehr stark und echt; ich wußte aber auch, daß wir noch sehr jung waren, und daß eine Ehe, von der Liebende immer reden, für uns so fern lag, daß man noch gar nicht ernstlich daran denken konnte. Aber ich hätte mit jedem gestritten, der behauptet hätte, wir seien viel zu jung, um schon zu verstehen, was Liebe bedeutet.

Eines Abends, als ich am Fenster stand und ins Nichts starrte, kam Lonnie und stellte sich neben mich. Er blieb stumm und wartete darauf, daß ich reden sollte.

»Sie wissen, daß Janey und ich uns lieben, nicht wahr?«

»Ja, ich weiß«, antwortete er.

»Aber reden Sie ja nicht von Kinderliebe oder so, Lonnie!«

»Nein, ich gehöre nicht zu denen, die über die Liebe spotten; in keinem Alter. Ich wollte dir nur eines sagen: Deine Heimkehr ist nicht die endgültigste Sache der Welt. Du hast hier mit deiner Arbeit Erfolg gehabt; du hast hier Freunde gewonnen, die dir helfen werden, Arbeit zu finden, falls es dir in Chicago nicht gelingt. Und was Janey betrifft – dieses Gefühl zwischen euch kann vielleicht ein Leben lang anhalten. Es kann sich aber auch ändern, darüber mußt du dir ganz klar sein. Aber nehmen wir einmal an, es bliebe bestehen. In meinem Hause wirst du immer willkommen sein, selbst wenn du nur kommst, um Janey zu besuchen.«

Er lächelte mich an, und ich fühlte mich gestärkt. Mein bitterer Winter hatte glücklich geendet. Das gab mir Hoffnung für künftige Jahre. An jenem Abend spielte ich für die Gäste in Mr. Ericsons Restaurant mit leichterem Herzen und mit größerem Optimismus.

Mr. Ericson bat mich, Joey zu helfen, seinen Vorrat an gefälligen Liedern zu erweitern, und als ich über eine Liste nachdachte, aus der ich auswählen könnte, erinnerte ich mich an Vaters altes polnisches Lied »Góralu, Czy Ci Nie Zal?«, das mir in jener schrecklichen Nacht in den Sinn gekommen war, als ich meinte, ich müsse sterben. Ich glaube, als ich ein kleiner Junge war, hatte mich der Gesichtsausdruck meines Vaters beeindruckt, während er mich die polnischen Worte lehrte.

»Das ist ein Lied über das Heimweh«, hatte er mir erklärt, und ich hatte verstanden, daß er damit das Heimweh nach seinem Geburtsland meinte. Jetzt war mir klar, daß es die Sehnsucht nach den polnischen Hügeln oder nach den Stränden Spaniens sein konnte, aber auch nach den grauen Straßen Chicagos.

Mehrere Morgen übten Joey und ich gemeinsam, solange das Restaurant noch geschlossen war. Ich lehrte ihn die polnischen Worte, und er lernte, mich ganz zart auf Howies Banjo zu begleiten.

»Es ist wunderschön, nicht wahr, Josh?« fragte er.

»Das finde ich auch. Ich habe es schon als ganz kleiner Junge gemocht.«

Joey seufzte tief. »Aber es ist auch traurig. Bei dem Lied denke ich, daß ich gern unsere Eltern wiedersehen möchte.« Er ließ seine Finger über die Banjosaiten gleiten. Die Töne klangen verloren wie damals im Güterzug, als Howie für einige Augenblicke auf seinem Banjo gespielt und es dann beiseite gelegt hatte.

»Du möchtest gern nach Hause, nicht wahr, Joey?« fragte ich nach einem Weilchen.

Er nickte, ohne mich anzusehen. »Wenn du auch gehst«, sagte er.

»Also gut, wir fahren heim. Alle, die es gut mit uns meinen, raten uns zu. Vielleicht haben sie recht. Es wird Zeit, daß wir nach Hause fahren.«

Am Nachmittag sprach ich mit Mr. Ericson. Ich erklärte ihm, was wir fühlten und was wir tun mußten. Er war ein sehr freundlicher Mensch, schrieb mir einen Empfehlungsbrief und nannte mir Adressen in Chicago, wo ich seine Empfehlung vorzeigen könne. Wir schüttelten uns die Hände, und ich hoffe, ich konnte ihm begreiflich machen, wie dankbar wir ihm für alles waren, was er für uns getan hatte.

Die Familie Arthur lud an diesem Abend Lonnie und Janey und Großmutter zum Essen in das Restaurant ein. Als die Gäste von Joey und mir eine Zugabe verlangten, tat ich, was ich bisher nie getan hatte: Ich sagte ein Lied an. »Joey und ich werden Ihnen heute ein polnisches Lied vorsingen, ein Lied, das vom Heimweh erzählt. Sie alle hier in Omaha sind sehr freundlich zu uns gewesen, und wir werden Sie nie vergessen. Aber jetzt müssen wir fort. Ihre wilden Jungen von der Landstraße waren lange unterwegs, und heute abend haben sie nun Heimweh.«

Dann sangen Joey und ich Vaters Lied, und die Menschen klatschten Beifall wie nie zuvor.

11

Obgleich wir uns von den Arthurs schon verabschiedet hatten, wollte Mrs. Arthur Joey noch einmal sehen, ehe wir abreisten. So brachte ihn Lonnie am letzten Abend hinüber und gab auf diese Weise Janey und mir die Gelegenheit, auf der Treppe hinter dem Haus allein zu sein, während Großmutter sich in der Küche beschäftigte. An diesem Abend standen die Sterne sehr dicht am Himmel, und die Luft war warm und voller Frühling. Der eisige Winter Nebraskas war weit, weit fort, und man konnte sich nur noch schwer an seine Härte erinnern.

Unsere Gedanken beschäftigten sich ganz damit, daß wir schon so bald getrennt sein sollten. »Es ist gar nicht so weit, weißt du. Ich kann in Chicago in einen Zug steigen und schon in ein paar Stunden wieder bei dir sein«, sagte ich.

»Ich weiß.« Janey saß vorgebeugt, die Ellbogen auf den Knien, das Kinn in den gewölbten Händen.

»Du möchtest doch, daß ich wiederkomme, Janey?«

»Ja, das möchte ich.«

»Und . . . ich hoffe, du vergißt mich nicht. Selbstverständlich, Lonnie hat ganz recht, wenn andere Jungen dich bitten, mit ihnen auszugehen, dann solltest du natürlich gehen . . .«

»Das werde ich auch«, sagte sie, und ich fand, sie sagte es allzu bereitwillig.

»Manchmal frage ich mich, Janey . . .«

Ich fühlte, daß ihre Schulter ganz gespannt war, als sie sich an mich lehnte. Sie schluckte mühsam, ehe sie sprach. »Sieh mal, Josh, du könntest mich ganz leicht zum Weinen bringen. Aber ich weine nicht. Ich habe Angst davor, daß du weggehst. Du wirst ja doch immer hier im Haus sein, weil ich dich liebe, aber...«

Plötzlich war ich empfindlich und gereizt. »Aber du glaubst es nur, nicht wahr? Du weißt es nicht genau?«

»Warst du ganz sicher, als du diese Emily geliebt hast?«

Ich nahm ihre Hand, während ich über ihre Frage nachdachte. »Das war nicht das gleiche«, sagte ich endlich.

»Nein? Und vielleicht wird es dann auch nicht das gleiche sein, wenn du ein Mädchen findest, das keine Sommersprossen hat und... und nicht dumm ist... und das mit Ohrringen gut aussieht.«

»Lonnie hat mit dir gesprochen«, sagte ich.

»Hat er nicht. Ich würde es nicht zulassen. Darüber habe ich ganz allein nachgedacht, weil ich manches weiß, wovon Lonnie und du gar nichts verstehen. Ich bin nämlich zufällig eine Frau und...«

Plötzlich schluchzte sie und barg ihr Gesicht in den Händen. »Ich bin gar nicht so sicher, wie das klingt, Josh. Ich... ich verstehe das alles nicht. Ich wollte, ich könnte ganz sicher sein, aber ich kann es nicht. Nicht wirklich sicher.«

Wir saßen lange beieinander, jeder in seine eigenen Gedanken vertieft. Als Lonnie und Joey heimkamen, hatten wir auch ihnen nicht viel zu sagen. Und um neun, als Janey heimgehen mußte, küßte ich sie zum Abschied vor Lonnies Augen. Es machte mir gar nichts aus.

Am nächsten Morgen fuhren wir kurz vor Tagesanbruch zum Zug nach Chicago. Von der Großmutter verabschiedeten wir uns, ehe wir das Haus verließen; dann kletterte Joey auf den Vordersitz neben Lonnie, während Janey und ich zusammen hinten saßen. Wir blieben alle stumm, und ich glaube, allen war das Herz ebenso schwer wie mir.

Joey und ich hatten schon Fahrkarten für die Heimreise.

Wir durften unter den Augen jedes Bahnbeamten einsteigen, durften auf den grünen Polstern sitzen und hatten das Recht erkauft, die Meilen vorbeihuschen zu sehen, ohne Angst, ohne Schrammen und Beulen, ohne Schmerzen. Körperliche Schmerzen, meine ich, denn der Anblick und das Geräusch eines Zuges ließen uns noch immer vor Entsetzen schaudern. Aber wir wußten, daß wir dieses Entsetzen überwinden mußten. Ich sah, daß Joey sich verkrampfte und sich alle Mühe gab, sein Zittern zu unterdrücken, als er die großen Räder der Lokomotive sah.

Wir standen herum und kamen uns steif und unnatürlich vor, fürchteten den Abschied, wünschten, es wäre schon vorüber. Lonnie sagte: »Vielleicht ist es ganz gut, wenn ihr ein bißchen früher einsteigt und euch einen guten Platz sichert«, und so gingen wir den Bahnsteig entlang zu unserem Wagen. Dort verabschiedete sich Joey von Janey, und wir versuchten, uns bei Lonnie zu bedanken, doch er wollte davon nichts wissen. »Vergeßt uns nicht, ihr zwei«, sagte er, »und schreibt uns, schreibt uns oft!« Er sah mich mit einem halben Lächeln an. »Du kannst noch bleiben und dich von Janey verabschieden. Joey und ich steigen schon ein und verstauen das Gepäck.«

Janey und ich standen ein paar Minuten in der Morgendämmerung. Ich glaube, wir sagten, was die meisten Leute sagen, wenn sie sich lieben, und ein Zug bereitsteht, der sie für Monate trennen soll, vielleicht für Jahre, vielleicht für immer. Ich hoffte, sie würde nicht weinen, und sie tat es nicht. Endlich flüsterte ich: »Auf Wiedersehen, Janey!« und verließ sie schnell.

Dann, endlich, saßen Joey und ich auf unseren Plätzen, und nach ein paar Minuten fuhr der Zug langsam an, während wir aus den Fenstern lehnten und winkten. Danach sprachen wir beide lange kein Wort.

Nach einer Stunde lag Tageslicht über der Prärie, und wir beobachteten das Farbenspiel von Kornfeldern, von frisch gepflügtem Boden, von Wäldern und Flüssen und blauem Himmel. Keine Spur war zu entdecken vom Schnee, vom Eis, vom heulenden Sturm, die wir im Winter in dieser Landschaft erlebt hatten; aber hin und wieder entdeckten wir neben den Geleisen eine müde Gestalt und ein graues Gesicht. Vielleicht war das ein Junge in meinem Alter, unterwegs zur nächsten Stadt, um dort eine Arbeit oder etwas zu essen zu finden. Einmal winkten uns Männer mit einem Kaffeekessel zu. Sie hatten neben den Geleisen eine Feuerstelle angelegt. Gelegentlich überholten wir einen Güterzug. Oft standen Männer in den offenen Türen der Waggons, Männer saßen auf den Wagendächern und ließen die Beine über den Rand hängen. Es konnten dieselben hoffnungslosen Männer sein, die in der ersten Nacht gemeinsam mit uns Chicago verlassen hatten: der Landstreicher, der Joey in den Wagen hob, oder der andere, der uns eine Büchse Bohnen schenkte, als wir uns auf den Weg nach Nebraska machten.

Einmal, als wir auf einem Bahnhof hielten, ging ein Junge in einer weißen Jacke mit Sandwiches und Milch am Zug entlang. »Möchtest du etwas essen, Joey?« fragte ich, und er antwortete: »Ja, ich sterbe vor Hunger!«

Kaum hatte er die Worte gesagt, als er mich auch schon entsetzt ansah. »Wie kann man nur so etwas Dummes sagen!«

Es war nicht dumm, aber es war seltsam: Solange wir wirklich gehungert hatten, sprach er kein einziges Mal darüber.

Wir aßen langsam und bedächtig. Das Abteil war nicht besetzt, und so zogen wir die Schuhe aus und legten die bestrumpften Füße auf die Sitze gegenüber. Joey rutschte ein Stückchen auf seinem Platz vorwärts, damit er die Zehen genau so weit ausstrecken konnte wie ich. »Du bist gewachsen, Joey«, sagte ich ihm. »Trotz allem, was die meisten anderen Kinder umgebracht hätte, hast du dich einfach entschlossen, weiter zu wachsen.«

Er lächelte zufrieden wie jedesmal, wenn ich ihn lobte. Der Schaffner kam und tat, als wolle er mit seiner Zange Joeys Nase lochen. »Fahrt ihr in die Ferien, ihr zwei?« fragte er.

Wir sahen einander an. »So etwas Ähnliches«, sagte ich. Der Schaffner war nicht sonderlich daran interessiert.

Er nickte und ging weiter.

Ein Stück weiter hielt eine Frau ihn auf, und wir hörten seine Antwort: »Ungefähr in zwei Stunden sind wir in Chicago.« Ich spürte bei diesen Worten Unruhe in mir.

Ich fragte mich, ob unsere Eltern uns fremd geworden seien, ob wir erst wieder Bekanntschaft schließen müßten, ob wir uns daheim einsam fühlen und vielleicht Heimweh nach Lonnie und Janey und der Großmutter bekämen. Mutter würde glücklich sein, uns wiederzusehen, da konnte ich ganz sicher sein. Und mit ihr konnte ich sprechen. Ich konnte ihr von meinem Spiel im Vergnügungspark und im Restaurant von Omaha erzählen. Ich konnte ihr von Janey erzählen und irgendwann einmal vielleicht sogar von Emily. Und Kitty würde sich für alles brennend interessieren, darauf konnte ich mich bei Kitty verlassen. Ich fragte mich, ob ich Howies Mutter besuchen sollte, ob es ihr wirklich etwas bedeutete, wenn sie erfuhr, was aus Howie geworden war. Ich dachte, daß ich auch Mrs. Crowne besuchen und ihr den Empfehlungsbrief zeigen wollte, den Mr. Ericson mir mitgegeben hatte. Vielleicht wußte sie auch einen Halbtagsjob für mich.

Aber endlich mußte ich auch an das denken, was ich fürchtete. Vater würde auch dasein. Ich fragte mich, wie er sein würde. Was sollten wir einander sagen? Ich dachte an meine Erinnerung, wie er mich vor dem Feuer gewiegt hatte. Davon wollte ich ihm erzählen. Vielleicht half es, wenn er wußte, daß ich im düstersten Augenblick an eine Zeit gedacht hatte, in der wir einander nahe waren.

Ich fühlte mich unruhig. »Ich weiß nicht, Joey, ich weiß wirklich nicht, wie wir in Chicago zurechtkommen werden. Wir hatten zwar Glück, aber die Zeiten sind immer noch schlecht.«

Joey war unbesorgt. »Nach allem, was wir durchgemacht haben, werden wir wohl auch mit Chicago fertig werden«, sagte er gleichgültig und lehnte sich in sein Polster zurück.

Ich konnte nicht zulassen, daß dieser selbstsichere kleine Kerl allzuviel von meiner Furcht spürte. »Das denke ich auch«, sagte ich deshalb und brachte ein Lächeln zustande.

Bald tauchten die schäbigen alten Häuser an der Bahnlinie auf. Selbst im Sonnenschein sahen sie müde und zerfallen aus. Gebäude drängten sich dicht aneinander, die Schornsteine der Fabriken waren wie nackte Arbeiterarme zum Himmel gereckt; aus einigen kräuselte Rauch, andere sahen kalt und tot aus. Der Zug fuhr langsamer, die Leute im Abteil fingen an, ihr Gepäck aus den Netzen über ihren Sitzen zu heben. »Wir laufen erst in ungefähr einer halben Stunde ein«, erklärte der Schaffner, doch das kümmerte die Leute nicht. Sie wollten bereit sein. Sie wollten endlich aus dem Wagen steigen und wissen, daß ihre Reise beendet war.

Joey und ich blieben ruhig sitzen. Selbst mein selbstsicherer kleiner Bruder war jetzt ein wenig besorgt; ich erkannte es an seiner plötzlichen Blässe. Lonnies Küche schien nun sehr weit entfernt zu sein, und die Sicherheit und das Glück, das wir dort erfahren hatten, erschienen uns sehr kostbar. Wir kamen nach Hause in unser eigenes, nicht in ein geborgtes Heim. Wir hätten freudig erregt sein müssen, doch wir waren es nicht. Wir hatten Angst.

Endlich fuhr unser Zug in den riesigen, rauchgeschwärzten Bahnhof ein, langsam, majestätisch, wie ankommende Züge oft wirken. Das Sonnenlicht konnte das Bahnhofsinnere nur in schmalen Streifen erreichen, und die Lichtflecke bildeten einen auffallenden Gegensatz zur Düsternis der langen Halle, in die wir einfuhren.

»Chicago!« rief uns der Schaffner zu, als der Zug hielt, dann mahnte er uns, unser Gepäck nicht zu vergessen.

Joey sah zu mir auf. »Ich denke, sie werden uns abholen, wie?« fragte er mit einer ganz gedrückten Stimme.

»Das glaube ich auch«, antwortete ich. Mir war fast übel.

Langsam bahnten wir uns einen Weg aus dem Wagen. Den ganzen Zug entlang stiegen Menschen aus, gingen gebeugt unter dem Gewicht ihres Gepäcks und strebten dem Ausgang am Ende des Bahnsteigs zu. An der Sperre standen Menschen und hielten Ausschau nach denen, die sie abholen wollten.

Fast augenblicklich erkannte ich Mutter, die dort stand,

Kitty an ihrer Seite. Einen Augenblick später sah ich Vater, nur wenige Meter von uns entfernt. Er durchsuchte mit den Blicken die Menge, die aus dem Wagen neben unserem quoll.

Mein alter Trieb, ihn ärgerlich zu kritisieren, meldete sich sogleich wieder: »Selbstverständlich! Mutter und Kitty müssen hinten warten, aber er, der Herr und Meister, muß der erste sein!« Doch dann, als ich ihn ansah, war ich beschämt und dachte: »Nun gib dem armen Kerl doch wenigstens eine Chance. Du bist doch schließlich auch nicht vollkommen.«

Er hatte uns noch nicht entdeckt, und wir konnten sehen, was dieser Winter aus ihm gemacht hatte, während wir langsam auf ihn zugingen. Er war einmal so groß und stark gewesen, jetzt wirkte er dünn und gebeugt, seine Wangen waren hohl. Und in sein Gesicht waren die Zeichen seines Leides eingegraben. In diesem Augenblick hätte ich es nicht über mich gebracht, ihn zu kritisieren, als er dastand und sein Gesicht förmlich darum bettelte, Joey und ich möchten die nächsten sein, die aus dem Zuge stiegen.

Wir gingen auf ihn zu, und ich berührte seinen Arm. »Hallo, Vater! Fein, dich endlich wiederzusehen!«

Erschrocken fuhr er zusammen, dann hellte sich sein Gesicht auf. Mit der Linken zog er Joey an sich, mit der Rechten griff er nach meiner Hand.

»Hallo, mein Sohn«, sagte er. »Ich bin ja so glücklich . . . so froh . . .« Dann wandte er den Kopf ein wenig ab, wie ich das Gesicht von Joey abgewandt hatte, damals, als Lonnie ihn heimbrachte. Auch in Vaters Verhaltensmuster paßten Tränen nicht.

...zum Durchblicken

Peter Berger
Im roten Hinterhaus
Diese Schilderung einer Jugend zur Zeit der
Weltwirtschaftskrise und des Aufstieges von
Adolf Hitler läßt ein Stück Geschichte miterleben
und Zusammenhänge begreifen.
Arena-Taschengeldbücher – Band 1263/J u. E

Horst Bastian
Wegelagerer
Jörg, 14, elternlos und ohne Zuhause: Als betteln-
der, notfalls stehlender Vagabund hält er sich im
Elend der ersten Nachkriegsjahre über Wasser.
Arena-Taschengeldbücher – Band 1352/J u. E

Arena

...zum Drüberreden

Michel Grimaud
Warum läuft er denn weg?
Laurent, 16, und seine Eltern suchen für ihr
Zusammenleben nach einer neuen Basis, die allen
Familienmitgliedern gerecht wird.
Arena-Taschengeldbücher – Band 1404/J u. E

Eveline Hasler
Jahre mit Flügeln
Leise, verhaltene, schöne, traurige und
hoffnungsvolle Stories.
Arena-Taschengeldbücher – Band 1395/J u. E

Hans-Georg Noack/Dieter Lattmann
Wir sprechen noch darüber
21 Autoren wollen Denkanstöße geben.
Arena-Taschengeldbücher – Band 1331/J u. E

Jo Pestum
Leg deine Hand auf mein Gesicht
Texte und Gedichte, die, wie eine Schülerin
schrieb, »irgendwie was auslösen«.
Arena-Taschengeldbücher – Band 1380/J u. E

Tilman Röhrig
Der angebundene Traum
Geschichten von der Kälte des Lebens und von
der Innerlichkeit, vom Auflehnen gegen Schmerz
und Tod, aber auch von der Hoffnung.
Arena-Taschengeldbücher – Band 1409/J u. E

Arena